Matthias Jestaedt

Die Verfassung hinter der Verfassung

Schönburger Gespräche zu Recht und Staat

herausgegeben von

Otto Depenheuer

und

Christoph Grabenwarter

Bd. 12

2009

Ferdinand Schöningh

Paderborn · München · Wien · Zürich

Matthias Jestaedt

Die Verfassung hinter der Verfassung

Eine Standortbestimmung der Verfassungstheorie

2009

Ferdinand Schöningh
Paderborn · München · Wien · Zürich

Bibliografische Information der Deutschen Nationalbibliothek

Die Deutsche Nationalbibliothek verzeichnet diese Publikation
in der Deutschen Nationalbibliografie;
detaillierte bibliografische Daten sind im Internet
über http://dnb.d-nb.de abrufbar.

Einbandgestaltung: Evelyn Ziegler, München

Gedruckt auf umweltfreundlichem, chlorfrei gebleichtem
und alterungsbeständigem Papier ♾ ISO 9706

(Verlag Ferdinand Schöningh GmbH, Jühenplatz 1, D-33098 Paderborn)

Internet: www.schoeningh.de

Printed in Germany
Satz: Martin Mellen, Bielefeld
Herstellung: Ferdinand Schöningh, Paderborn

ISBN 978-3-506-76673-1

Für
Oliver Lepsius

Übersicht

I
Die Frage, auf die die Verfassungstheorie die Antwort ist

Verfassungstheoretisches Räsonnement will Rechtfertigung sei es zuführen, sei es absprechen, dient also der Rechtfertigungszumessung. Und doch bedarf die Verfassungstheorie allererst selbst der Rechtfertigung als Disziplin. Denn über ihren disziplinären Status und ihre spezifische Aufgabe, über ihre Methode und ihren Nutzen herrschen, gelinde formuliert, Unklarheit.[1] Ein Blick in den Katalog der Instituts- und Lehrstuhl-Denominationen deutscher Rechtsfakultäten ebenso wie ein Blick in das Angebot rechtswissenschaftlicher Lehrveranstaltungen wirkt insofern hinlänglich ernüchternd.[2] Nicht wenige leugnen – meist eher durch Nichtbeachtung denn durch Auseinandersetzung, bisweilen aber auch durch schlichte Gleichsetzung von Verfassungsdogmatik und Verfassungstheorie – die

Notwendigkeit einer selbständigen oder doch zumindest isolierbaren Verfassungstheorie. Und diejenigen, die nicht nur den Bedarf nach Verfassungstheorie (an-) erkennen, sondern darüber hinausgehend gar einen Mangel an Verfassungstheorie verspüren,[3] anders gewendet: die ein Verfassungstheorie-Desiderat hegen, müssen mit der Lupe gesucht werden.

1. Ein normatives Konzept von Verfassungstheorie

Eine knappe Vorbemerkung sei den Überlegungen zu Existenz und Essenz der Verfassungstheorie vorausgeschickt: Wenn es – der Untertitel indiziert es – Aufgabe der nachfolgenden Erörterungen ist, Wesen und Wert der Verfassungstheorie nachzuspüren, so versteht sich diese Aufgabe weniger als eine empirisch-wissenschaftssoziologische denn als eine normative: Nicht darum soll es gehen, zu orten und zu ordnen, wer und wie viele bei welchen Gelegenheiten und zu welchen Zwecken sich der Kategorie oder auch nur der Begriffe »Verfassungstheorie« und »verfassungstheoretisch« bedienen, um auf dieser Erhebungsgrundlage bestimmen zu können, was unter Verfassungstheorie verstanden und zu wessen Frommen sie betrieben wird. Im Fokus der Überlegungen steht vielmehr die Frage, was sinnvollerweise – sprich:

was im Lichte der disziplinären Ausdifferenzierung der Rechtswissenschaften – Gegenstand, Funktion und Methode der Verfassungstheorie sein kann respektive sein sollte und worin der eigentümliche Nutzen einer so konzipierten Disziplin liegt.[4]

Um einem naheliegenden Missverständnis sogleich zu begegnen: Wenn von einem *normativen* Konzept der Verfassungstheorie die Rede ist, so wird damit gewiss und absichtsvoll ein Anspruch, ein Sollen formuliert, wird auf eine disziplinär-methodologische Gesetzlichkeit, eben eine Eigengesetzlichkeit oder Eigenrationalität rekurriert bzw. diese postuliert. Wissenschaft ist danach nicht schon all' das, was von als Wissenschaftlern bezeichneten Personen oder was im Rahmen von als wissenschaftlich qualifizierten Institutionen an fachbezogenem Engagement an den Tag gelegt wird. Das Prädikat »wissenschaftlich« setzt vielmehr, um nur das Wichtigste zu nennen, voraus, dass das so zu qualifizierende Vorgehen gewissen methodischen Standards genügt, dass es also in prononcierter Weise methodengeleitetes Denken und Handeln ist,[5] welches mit dem Begriff der Systematizität charakterisiert werden kann.[6] Mit einem normativen Konzept von Wissenschaft(lichkeit) im Allgemeinen und Verfassungstheorie im Besonderen wird aber nicht zugleich das Verdikt über eine abweichende Begriffsverwendung von und eine abweichende Untersuchungsperspektive auf »Verfassungstheorie« gesprochen. Es geht hier vielmehr darum, Ausdifferenzierungsphänomene in ihrer disziplinär-methodologischen Dimension zu erfassen. Wissenschaftssoziologische Aspekte wie auch Bezeichnungsfragen sind demgegenüber nachrangig.

2. *Kampfkonzept gegen die Staatstheorie?*

Die Disziplingeschichte der Verfassungstheorie ist, auch das wohl kaum ein Zufall, noch nicht geschrieben, wenngleich für die deutsche Staatsrechtslehre gerade auch der Nachkriegszeit durchaus beachtliche, theoretisch ambitionierte Studien vorliegen.[7] Diesem desideratum kann hier nicht abgeholfen werden. Unbeschadet dessen ist *eine* historische Reminiszenz unverzichtbar, spielt sie doch unmittelbar in die Fragestellung nach Wesen und Wert der Verfassungstheorie hinein. Unbestrittenermaßen hat nämlich die Verfassungstheorie das Erbe der Allgemeinen Staatslehre angetreten, jenem spezifisch deutschen,[8] ebenso altehrwürdigen wie mittlerweile in die Jahre gekommenen, um nicht zu sagen: überständigen Disziplinformat, welches mit *Georg Jellineks* Klassiker seine bleibende, endgültige Gestalt gefunden hat.[9] Die disziplinäre Abstammung der Verfassungstheorie von der Allgemeinen Staatslehre – vorsichtiger:

beider disziplinäre Familienähnlichkeit – lässt sich bereits daran belegen, dass sowohl die Allgemeine Staatslehre als auch die Verfassungstheorie einerseits »gegenstandsbezogen und methodenpluralistisch« betrieben werden und andererseits »disziplinär bei den Rechtswissenschaften«, besser vielleicht: bei der Staats- oder Verfassungsrechtswissenschaft ressortieren.[10]

Streit herrscht indes darüber, ob der Verfassungstheorie die Stellung eines Alleinerben zukommt – so in der Tendenz die Staatsrechtslehre in der Tradition *Rudolf Smends* –, oder aber ob neben ihr die Staatstheorie einen ansehnlichen Teil des Erbes beanspruchen darf, was eher der Sicht der Staatsrechtslehre in der Tradition *Carl Schmitts* entsprechen dürfte. Dahinter steht der Grunddissens, ob der Staat in der Verfassung aufgeht oder aber ihr vorausliegt, ob er Folge oder Bedingung der Verfassung ist.[11] Verfassungstheorie in diesem Verständnis wird denn auch als Kampfkonzept gegen die Berechtigung von Staatstheorie, d.h. als deren Gegenkonzept instrumentalisiert.[12] »Verfassungsintrovertiert« respektive »etatistisch« lauten die dazugehörigen, wechselseitig erhobenen Vorwürfe.

Im Weiteren sei, wenn das Konzept von Verfassungstheorie entfaltet wird, nicht vorschnell für die eine und gegen die andere Seite Partei ergriffen. Dies umso weniger, als die Alternative »für oder gegen den

Staat« eine in die Irre führende Eindimensionalität der Fragestellung insinuiert. Denn es ist danach zu differenzieren, in welcher Weise und zu welchem Behufe im Zusammenhang mit der Verfassung auf den Staat als Phänomen rekurriert wird. Danach beurteilt sich nämlich, ob und gegebenenfalls *in welchem Sinne* die Option für die Verfassungstheorie die Möglichkeit staatstheoretischen Räsonnements ausschließt und vice versa. Nimmt man die Disziplinbezeichnungen beim Wort, so stehen Verfassungs- und Staatstheorie *insofern* in einem wechselseitigen Ausschlussverhältnis, als Erkenntnisgegenstand der ersteren die Verfassung in Bestand und Funktionsweise, Erkenntnisgegenstand der letzteren hingegen der Staat in seinem Bestand und seiner Funktionsweise ist. Während die Verfassung in der Verfassungstheorie das eigentliche Materialobjekt markiert und der Staat, sei es in normwissenschaftlich, sei es in kausalwissenschaftlich erfassbarer Gestalt, allenfalls zu Erklärung und Verständnis der Verfassung, also als ein möglicher Kandidat zur Kontextualisierung der Verfassung herangezogen wird,[13] fungiert der Rekurs auf die Verfassung in der Staatstheorie umgekehrt als bloße Erklärungs- und Verständnishilfe für das Phänomen »Staat«; Verfassung ist hier nichts weiteres als *ein*, wenn auch wichtiger Baustein moderner Staatlichkeit.[14] Auch dürfte, wer Verfassungstheorie respektive Verfassungslehre sagt, einen prononciert juridischen im Sinne von normwissenschaftlichen Ausgangs- und Zielpunkt gewählt haben, indes Staatstheorie oder Staatslehre zwar ebenfalls in aller Regel von Rechtswissenschaftlern – und für Rechtswissenschaftler – betrieben wird, aber typischerweise[15] nicht in gleicher Weise den juridischen Gebrauchsdisziplinen, also zuvörderst der Rechtsdogmatik, verbunden und verpflichtet ist.

Zusammenfassend: Ob und gegebenenfalls in welcher Weise der Staat oder Merkmale von Staatlichkeit im Rahmen der Verfassungstheorie eine Rolle spielen, ist nach hiesigem Verständnis keine Frage des disziplinären Status oder Zuschnitts der Verfassungstheorie, sondern zuvörderst eine solche ihrer konkreten Inhalte.

3. Grundlagendisziplin der Verfassungsdogmatik

Ungeachtet aller Unsicherheiten und Meinungsunterschiede über Bedeutung und Verortung der Verfassungstheorie scheint aber doch *eine* Erkenntnis, wenn auch überwiegend unterschwellig und unreflektiert, communis opinio zu sein: dass nämlich Wesen und Wert der Verfassungs*theorie* nur bestimmt werden können, indem sie zu Wesen und Wert der Verfassungs*dogmatik* in Bezug gesetzt werden. In einem ersten Zugriff ließe sich formulieren: Wer über Verfassungstheorie spricht oder schreibt, offenbart damit notwendigerweise sein Verständnis von Verfassungsdogmatik.[16] Oder etwas laxer gewendet: Sag' mir, was Du über Verfassungsdogmatik denkst, und ich sage Dir, ob und gegebenenfalls inwiefern Du Verfassungstheorie brauchst.

Idealtypisch lassen sich vier Inbezugsetzungen von Verfassungstheorie auf der einen und Verfassungsdogmatik auf der anderen Seite unterscheiden: Zunächst die *Identitätsthese,* wonach Verfassungstheorie nur das – weniger gebräuchliche – Synonym für Verfassungsdogmatik markiert; eine neben der Dogmatik selbständige und von ihr unabhängige Theorie der Verfassung existiert danach nicht. Sodann die *Konsumtions- oder Verdrängungsthese*: Mit dem Vordringen und der Konsolidierung der »harten« Verfassungsdogmatik erübrigt sich die »weiche«, noch die Unverbindlichkeit und den geringeren Ausdifferenzierungsgrad der Allgemeinen Staatslehre fortschreibende Verfassungstheorie; der Aufstieg der Verfassungsdogmatik geht in dieser Deutung einher mit dem Niedergang der Verfassungstheorie.[17] Drittens die *Sonderfallthese*: Als verfassungstheoretisch bezeichnet man verfassungsdogmatische Konstrukte ab einem gewissen Abstraktionsgrad, einer gewissen Grundsätzlichkeit und damit einer gewissen Praxisferne; Verfassungstheorie umschreibt in diesem Verständnis einen Sonderbezirk der Verfassungsdogmatik, gleichsam deren vor die (Anwendungs-)Klammer gezogenen Allgemeinen oder auch Grundsätzlichen Teil.[18] Und schließlich die *Komplementaritätsthese*: Verfassungstheorie befriedigt als Beobachterdisziplin jene Bedarfe, denen Verfassungsdogmatik ihrer Ausrichtung als Teilnehmerdisziplin wegen nicht gerecht werden kann.[19]

Diese letztgenannte These, auf deren Folie der Verfassungstheorie zugleich der relativ größte disziplinäre Eigenwert zuwächst, sei im Folgenden – und wie hinzuzusetzen ist: in einer spezifischen Lesart – entfaltet.

Der zwischen Verfassungstheorie und Verfassungsdogmatik bestehende Zusammenhang hebt sich in markanter Weise vom sonst üblichen Verhältnis von Anwendungs- zu Grundlagendisziplin ab. Während die sonstigen Grundlagenfächer wie die Rechtsgeschichte und die Rechtsphilosophie, die Rechtssoziologie und die Rechtstheorie als selbständige oder »freie« Grundlagendisziplinen zu charakterisieren sind, die im Zuge disziplinärer Ausdifferenzierung jeweils eine prononcierte Methode, einen eigenen wissenschaftlichen Diskurs, spezifische Publikationsorgane, kurz: eine verselbständigte Forschungs- und Lehrgestalt gefunden haben, fehlt der Verfassungstheorie – zumindest tendenziell – diese Eigenständigkeit.[20]

Verfassungstheoretiker hierzulande sind (nahezu) ausnahmslos auch als Verfassungsdogmatiker tätig; verfassungstheoretische Überlegungen finden sich zumeist in einer nachgerade symbiotischen, ja un(unter)scheidbaren Verbindung mit verfassungsdogmatischen; die typischen Publikationsorgane für verfassungstheoretische Abhandlungen – das »Archiv des öffentlichen Rechts«, »Der Staat«, das »Jahrbuch des öffentlichen Rechts der Gegenwart« oder auch die »Juristenzeitung« – räumen allesamt der Verfassungstheorie ebenso wenig einen Exklusivitätsstatus ein, wie es bislang eine eigene Monographien-Reihe zur Verfassungstheorie gibt; und auch eine venia legendi für »Verfassungstheorie«, gar ohne die gleichzeitige venia für das »Verfassungsrecht«, ist kaum vorstellbar. Pointiert: Verfassungstheorie gehört bereits dem ersten Anschein nach nicht eigentlich zum Kanon selbständiger Grundlagenfächer (in) der Jurisprudenz, sondern sie fungiert als Grundlagendisziplin der Verfassungsdogmatik. Sie ist also in ihrer Anlage, wenn schon nicht ausschließlich, so doch ganz wesentlich ausgerichtet auf die Bedürfnisse und Strukturen einer bestimmten Anwendungsdisziplin, nämlich der Verfassungsdogmatik. Wegen ihrer dienenden Funktion darf sie folglich getrost als Korollar-[21], Ancilliär- oder Zulieferdisziplin der Verfassungsdogmatik qualifiziert werden.

II
Verfassungstheorie im Horizont der Verfassungsdogmatik

1. Verfassungsrecht – Verfassungsdogmatik – Verfassungstheorie

Das – gemessen an anderen juridischen Disziplinen – noch verhältnismäßig jugendliche Alter der Verfassungstheorie ebenso wie deren Aufkommen im Zuge der Etablierung der Verfassungsdogmatik als eigenständiger Disziplin auf der Folie des staatsrechtlichen Positivismus weist die disziplinär mehr oder minder verselbständigte Verfassungstheorie als späten Spross wissenschaftlicher Ausdifferenzierung aus. Verfassungstheorie in diesem Sinne baut folglich auf vorgängigen Ausdifferenzierungen auf. Deren zwei oder, je nach Zählweise, auch drei wichtigsten seien im Nachfolgenden kurz charakterisiert:

a) Verfassungsrecht und Verfassungsrechtswissenschaft

Auf einer ersten Stufe knüpft das hier vorzustellende Konzept von Verfassungstheorie daran an, dass Verfassungsrecht und Verfassungsrechtswissenschaft, noch allgemeiner: dass das Recht – präziser wäre wohl vom *positiven* Recht zu sprechen – und die Wissenschaft vom (positiven) Recht kategorial unterschieden werden. Das ist, dem ersten Anschein zum Trotze, alles andere als trivial, verbindet sich damit doch die gerade für die Konzeptionalisierung von Jurisprudenz äußerst folgenreiche Aussage, dass der Verfassungsrechtswissenschaftler *als solcher*, d.h. unbeschadet positivrechtlicher Einbeziehung in den Kreis der Normerzeuger, kein Verfassungsrechtsetzer ist, dass wissenschaftlich-fachliche Kompetenz also keine positivrechtliche Kompetenz vermittelt und dass rechtswissenschaftliche Erkenntnis infolgedessen von rechtspraktischer Erzeugung von (Verfassungs-)Recht oder, mit anderen Worten, dass Rechts*erkenntnis*quellen von Rechts*erzeugungs*quellen streng geschieden werden müssen.[22] Als Verfassungsrechtswissenschaftler erzeugen wir – ganz entgegen dem üblichen, vielleicht aber nicht zufällig Gegenstand und korrespondierende Disziplin konfundierenden Sprachgebrauch – *nicht* Öffentliches Recht, sondern ausschließlich wissenschaftliche Erkenntnisse über Normen des Öffentlichen Rechts.[23] Um auch dies noch hinzuzufügen: Kreativ, schöpferisch soll auch – und gerade – der Rechtswissenschaftler sein; aber seine Kreativität bezieht sich nicht auf den Rechtserzeugungs-, sondern auf den Rechtserkenntnis- und Rechtsdeutungsprozess: Der Wissenschaftler – und *hier* ist die deutsche Begriffsprägung äußerst exakt – produziert nicht Recht, sondern Wissen über Recht: Wissenschaft schafft Wissen, nicht Recht.

Wer dieser an sich völlig banalen Grunderkenntnis zuzustimmen geneigt ist, der sei darauf aufmerksam gemacht, dass weite Teile der Zunft – überwiegend indes nicht explizit, zum Teil wohl noch nicht einmal reflektiert – Rechtswissenschaft in einer Weise betreiben, die den Anspruch erhebt, an der Rechtsproduktion unmittelbar mitzuwirken.[24] Dieses unverändert nahezu flächendeckende disziplinäre Selbstverständnis findet seinen adäquaten terminologischen wie sachlich-kategorialen Ausdruck in der Gegenüberstellung von »rechtspolitischer« und »rechtsdogmatischer Rechtsproduktion«,[25] wobei die dogmatische Jurisprudenz sich Seit' an Seit' wähnt mit der – ebenfalls und traditionell – unpolitisch gedachten Judikatur. Passend dazu wird der Anspruch erhoben, Normen, allen voran das Gesetz, auch das Verfassungsgesetz, nicht »subjektiv« – gemeint ist subjektiv-historisch, also nach Maßgabe historisch-realer Willensbekundungen von am Normsetzungsprozess in entscheidender Weise Beteiligten –, sondern »objektiv« auszulegen. Die Vorstellung, Zielgröße der Auslegung von Recht sei es, nicht den (vor)gegebenen, tatsächlichen und subjektiven, sondern den irgendwie aufgegebenen, idealisierten und objektiven oder auch »objektivierten« Willen des Normsetzers[26] oder gar der Norm selbst zu eruieren respektive zu aktualisieren, muss sich indes die Frage gefallen lassen, wie sie's mit der kategorialen Trennung von Recht und Rechtswissenschaft sowie mit jener von Teilnehmern am Rechts(erzeugungs)prozess und von Beobachtern desselben hält.

b) Absage an ein holistisch-integralistisches Dogmatik-Modell: Für ein gewaltengegliedertes Konzept von Verfassungsrechtswissenschaft

Damit hängt auf der zweiten Stufe der Ausdifferenzierung zusammen, dass (Verfassungs-)Rechtswissenschaft nicht in toto in (Verfassungs-)Rechtsdogmatik aufgeht. Auch dies ist zugegebenermaßen keine neue oder irgendwie überraschende Erkenntnis. Doch auch ihr wird im disziplinären Alltag viel zu häufig die gebührende Aufmerksamkeit versagt. Nicht selten verpufft sie gar folgenlos. Verfassungsdogmatik gebärdet sich nach Art einer verfassungsrechtlichen Universalwissenschaft, die sich, ungeachtet des stets nur sektoralen und selektiven Geltungsanspruchs wissenschaftlicher Erkenntnis,[27] Aussagen zu sämtlichen Wirklichkeiten des (Verfassungs-)Rechts zutraut (oder sollte man sagen: anmaßt?).

Für die Lesart, Jurisprudenz respektive Rechtswissenschaft (im Singular!) mit Rechtsdogmatik substanzialiter gleichzusetzen, lassen sich gewiss zahlreiche Erklärungen finden.[28] Einer der wirkmächtigsten Erklärungsansätze dürfte sein, dass sowohl in der akademischen Ausbildung als auch in der Außenwahrnehmung und Außenwirkung der Jurisprudenz die dogmatischen Diskurse und Disziplinen mit kolossalem Abstand die größte Aufmerksamkeit genießen. Hin- und hergerissen zwischen Theorie und Praxis, zwischen Geisteswissenschaft und praktischer Kunstlehre, zwischen Beobachter- und Teilnehmerdisziplin werden sich Rechtswissenschaftler, so sie alle (wissenschafts)politischen und ökonomischen Sinne beieinander haben, unwillkürlich jeweils für die letztere und gegen die erstere entscheiden. Die – im Deutschen Richtergesetz und den entsprechenden Juristenausbildungsgesetzen und -ordnungen standardisierte – Juristenausbildung zielt auf Richter und Rechtsanwälte, zielt auf praktisch tätige Juristen, nicht jedoch auf Rechtswissenschaftler.

Grundlagenfächer, von so manchem insgeheim als überständiger Zierrat, als eine Art Jurisprudenzfolklore betrachtet,[29] gewinnen heute, wenn die Zeichen nicht trügen, zwar wieder an Bedeutung. Aber der Bedeutungszuwachs speist sich nicht aus autochthoner Quelle. Vielmehr speist er sich aus der nicht ganz unbegründeten Sorge der Dogmatik, dass die unmittelbar anwendungsorientierten Disziplinen angesichts der Komplexität rechtlicher Vernetzung, der sinkenden Halbwertzeit positivrechtlicher Lösungen, dem Bedarf nach intra- wie interdisziplinärer Rückversicherung sowie der Verdrängung des juristischen durch das ökonomi(sti)sche Paradigma nur mehr mithilfe des in den Grundlagendisziplinen gespeicherten Orientierungswissens ihre Anleitungsfunktion für den praktischen Rechtsdiskurs glauben behalten zu können. Nicht zuletzt daraus erklärt sich auch die Konjunktur sogenannter »Integrationswissenschaften« wie der »Staatswissenschaft«,[30] der »Europawissenschaft«[31] oder auch – mit dem größten intellektuellen Aufwand betrieben – der »Neuen Verwaltungsrechtswissenschaft«.[32] Der allen drei genannten Spielarten innewohnende Anspruch, »Steuerungswissenschaft«[33] zu sein, kann denn auch als Versuch gelesen werden, der Dogmatik durch »Eingemeindung« nachbarwissenschaftlicher Aussagen ihre bis dato vorherrschende, nunmehr jedoch gefährdete Stellung auch künftig zu sichern.

Doch keine der Erklärungen für die wissenschaftspraktisch herausragende Rolle der Dogmatik vermag eine disziplinär-methodologisch, d.h. wissenschaftsimmanent belastbare Begründung für deren »verdrängende Dominanz«[34] abzugeben sowie dafür, (Verfassungs-)Rechtswissenschaft und (Verfassungs-) Rechtsdogmatik universalwissenschaftlich in eins zu setzen. Ganz im Gegenteil drängen Bestand und Wirken von nach Gegenstand, Methode und Erkenntnisinteresse je eigenständigen Grundlagendisziplinen dazu, den Plural »Rechtswissenschaften« beim Wort zu nehmen und die fortschreitende wissenschaftliche Ausdifferenzierung und Spezialisierung auch stärker methodologisch zu reflektieren und in Gestalt einer (inter- wie intra)disziplinären Gewaltengliederung zum Ausdruck zu bringen.[35]

Das Recht als empirisch – etwa mithilfe soziologischer, psychologischer oder wirtschaftswissenschaftlicher Methoden – fassbares Phänomen, das Recht als historisches Datum oder das Recht als Norm, aber selbst das Recht als lex lata und das Recht als lex ferenda zu begreifen, bezeichnet völlig unterschiedliche und, wenn schon nicht per se inkompatible, so doch konstitutionell inkomparable und inkommensurable Perspektiven auf das Recht. Und nicht nur das: Die Erhebungsmethoden und die damit erhebbaren Gegenstände – darüber darf der identische Begriff »Recht« nicht hinwegtäuschen – führen zu je eigenständigen Wirklichkeitskonstruktionen. Mit »Recht« ist folglich jeweils etwas anderes gemeint. Jede dieser Rechtswissenschaften, jede dieser juridischen Subdisziplinen folgt ihrer eigentümlichen Rationalität, Grammatik und Textur, kurz: ihrer Eigengesetzlichkeit.[36] »Recht« ist daher nur aus dem Kontext des jeweiligen (sub-) disziplinären Sprachspiels zu begreifen.

Unter dem Blickwinkel der *Wissenschaftlichkeit* ist die eine Perspektive, etwa die dogmatische, nicht einer anderen Perspektive, etwa der historiographischen (geschichtswissenschaftlichen) oder der philosophischen, überlegen oder sonstwie vorzuziehen. Präferenzrelationen lassen sich im Kreise der Rechtswissenschaften nur aus einer Außenperspektive, d.h. am Maßstab der Verwendungstauglichkeit für einen rechtswissenschafts*extern* formulierten Erkenntniszweck begründen. Mit anderen Worten: Die allenthalben konstatierte Prävalenz der Dogmatik beruht nicht auf rechtswissenschaftsinhärenten Gründen, sondern erklärt sich »lediglich« daraus, dass gemeinhin den Anfragen und Ansprüchen der Rechtsanwendungspraxis gerade in der Außenwahrnehmungs- wie in der Ausbildungsperspektive der Rechtswissenschaften die bedeutendste Rolle zugeschrieben wird. Aus öffentlichen Mitteln bezahlte Wissenschaft lässt sich in der modern-egalitären Massengesellschaft eben am leichtesten und nachhaltigsten durch den Nachweis ihrer Praxistauglichkeit rechtfertigen, figuriert diese doch als Synonym der Gesellschaftsnützlichkeit.

Durch diese intradisziplinäre Relationierung wird die (Verfassungs-)Dogmatik vorderhand relativiert. Doch Relativierung ist hier keineswegs schlichtweg mit Bedeutungsverlust gleichzusetzen, setzt sie die (Verfassungs-)Dogmatik doch in den Stand, sich wirksamer gegen die an sie herangetragenen Zumutungen und Versuchungen – das Stichwort: »Steuerungswissenschaft« mag hier genügen[37] – zur Wehr zu setzen. Darauf wird zurückzukommen sein.[38]

c) Verfassungsdogmatik in den Grenzen der Verfassungsinterpretation: Dogmatik als geltendrechtliche (»positivistische«) Gebrauchswissenschaft

Damit – man mag hierin eine dritte Stufe der Ausdifferenzierung erkennen – gilt es, den spezifischen Fokus und Auftrag, wenn man so will: die identitätsstiftende Ausrichtung und Programmierung der Verfassungsdogmatik in den Blick zu nehmen. Das proprium der Dogmatik – welches sie nur noch mit einer weiteren juridischen (Sub-)Disziplin, nämlich der sogenannten Methodenlehre,[39] teilt – ist in ihrer Anwendungsorientierung zu erblicken. Idealer oder realer Adressat verfassungsdogmatischer Aussagen ist – neben der scientific community der Rechtsdogmatiker – der Teilnehmer am Rechtserzeugungsprozess, der auf der Grundlage und nach Maßgabe bestehenden Rechts Informationen zur Erzeugung über dieses zwecks Ausrichtung des zu erzeugenden neuen Rechts erhält, also namentlich der Gesetzgeber, das Verwaltungsorgan, das Gericht oder der Beteiligte an einem Privatrechtsgeschäft.

Mit *Martin Morlok* lässt sich der Zweck der Verfassungsdogmatik dahin formulieren, dass diese »auf die Anleitung der praktischen Entscheidungstätigkeit in denjenigen Positionen der organisierten Arbeitswelt [ergänze: mit den Mitteln der Rechts*wissenschaft* zielt], die typischerweise mit Juristen besetzt sind und in denen die Orientierung an Rechtsnormen zum formalen (offiziellen) Entscheidungsprogramm gehört«. Dogmatik ist danach »der auf die Bewältigung der praktischen juristischen Tätigkeit zielende Niederschlag der rechtswissenschaftlichen Bearbeitung des Rechtsstoffes«.[40] Oder kürzer: Dogmatik fungiert als rechtswissenschaftliche Anwendungshilfe – Herstellungs- wie Darstellungshilfe – für die entscheidungsberufene Rechtspraxis.

Zu diesem Behufe müht sich Dogmatik um eine verständnis- und anwendungserleichternde, Auslegungs- und Anwendungsroutinen begründende und anleitende, typischerweise systematisierende und standardisierende Abbildung und Aufbereitung des anzuwendenden Rechts, vulgo: des »Rechtsstoffes«. Dogmatik glückt folglich in dem Maße, in dem die Anwendungshilfe beim – gedachten oder wirklichen

– Rechtsanwender ankommt, indem sie ihm also eine mit den gegebenen rechtlichen Vorgaben im Einklang stehende Orientierung in der Anwendungs-, sprich: in der Rechtserzeugungssituation vermittelt.[41]

Geht es Dogmatik aber um Anleitung bei der Anwendung geltenden Rechts durch Bereitstellung wissenschaftlich aufbereiteten Verfügungswissens,[42] so muss sich jede dogmatische Figur und Konstruktion als eine begründete oder doch begründbare Darstellung eines geltendrechtlichen Phänomens rechtfertigen lassen.[43] Was indes als geltendes Recht, genauer: als geltendrechtlicher Normbefehl verifiziert werden kann, beantwortet sich mittels Interpretation, die eben nichts anderes markiert als die methodengeleitete Suche und Ermittlung des Normgehalts.[44] Dogmatik ist insofern auf Interpretation angewiesen, von ihr abhängig. Man kann noch einen Schritt weitergehen: Dogmatik ist in der Sache nichts anderes als die systematisierende und standardisierende Aufbereitung von Auslegungsergebnissen zwecks Anwendungsanleitung. Freilich soll damit kein Einbahnstraßenverhältnis zwischen Interpretation und Dogmatik behauptet werden, besitzt doch letztere schon wegen ihrer Speicher- und Gedächtnisfunktion bei neuen Auslegungsprozessen eine bedeutsame mäeutisch-orientierende Funktion und beeinflusst auf diese Weise das Auslegungsverfahren.[45]

Zusammenfassend: Ist Um-willen der Dogmatik die Anleitung der Rechtsgewinnung und dürfen dogmatische Kategorien die mithilfe der Norminterpretation zur Sprache gebrachten Grenzen des positiven Rechts nicht überschreiten, so kann Dogmatik als geltendrechtliche (genauer: auf das geltende Recht fixierte) – und in diesem Sinne »positivistische«[46] – Gebrauchsjurisprudenz gekennzeichnet werden.

2. *Praxisbezug als Theoriedefizit der Verfassungsdogmatik*

Ausdifferenzierung gründet auf der Selektivität der Perspektiven. Diese Fokussierung ist nicht nur Bedingung der Möglichkeit differenzierter, sozusagen parzellenscharfer Erkenntnis, sondern führt pari passu zur Ausblendung anderer, nicht in den Fokus geratender Phänomene. Für die Verfassungsdogmatik resultiert aus ihrer Konstituierung als geltendrechtlich fixierte juridische Gebrauchsdisziplin eine Reihe von theoretisch bedeutsamen Ausblendungen, man könnte auch sagen: von theoretisch bedeutsamen thematischen Beschränkungen. Diese Theoriedefizite der Verfassungsdogmatik lassen sich typologisch zwei Ursachen zuordnen, nämlich einerseits der Orientierung auf die Rechtsanwendungssituation sowie andererseits der Ausrichtung am geltenden Recht.[47]

a) Theoriedefizit als Folge der Anwendungsorientierung

Als für den Rechtspraktiker nützliche, und das meint in erster Linie: als in der Rechtspraxis handhabbare Anwendungshilfe muss Dogmatik im Rahmen des Möglichen vereinfachen, muss Dogmatik einfach zu verstehen und einfach zu benutzen sein. Die Beförderung von Anwendungsroutinen und die Verkürzung von Begründungswegen gehen daher notwendigerweise einher mit einer Einbuße an Komplexität. Ars longa, vita brevis. Eine weitere Einbuße an Reflexionstiefe und Offenheit ist dem Umstand geschuldet, dass Dogmatik tunlichst Ungewissheiten und Zweifel für den Rechtsanwender eliminieren muss. Denn zu viel Wissen, insbesondere zu viel Wissen um die Unsicherheit des eigenen Wissens, macht entscheidungsunfähig. Theorieinduzierte Skepsis und praxisleitendes Judiz vertragen sich nicht gut. Knüpfen aber Entscheidungen immer an vorgängige Entscheidungen an, müssen diese und deren Grundlagen fraglos gestellt, müssen sie in diesem Sinne dogmatisiert werden. Das Rad kann und darf eben nicht jedes Mal neu erfunden werden. Auch darf nicht unterschlagen und nicht unterschätzt werden, dass und in welchem Maße die »Übernahme der Problemsicht der Praktiker«[48] das theoretisch-intellektuelle Kolorit der

Verfassungsdogmatik zu beeinflussen imstande ist. »Theorie« in der Dogmatik ist, nimmt man diese und weitere Faktoren zusammen, denn regelmäßig nicht mehr als Gebrauchs- und Alltagstheorie – und zwar auch und gerade in einem affirmativen Verständnis von Gebrauchs- und Alltagstheorie.

Schließlich ist es den spezifischen Einsatzzwecken der Dogmatik geschuldet, dass ihr, wie man polemisch formulieren könnte, eine Abdunkelungs- oder auch Verschleierungsfunktion zukommt – und damit just das Gegenteil dessen, was Theorie als bewusste Reflexion leisten soll: Auch und gerade darauf gerichtet, einmal getroffene Entscheidungen nachträglich als gerechtfertigt auszuweisen, dient die Dogmatik der (»Nach-«)Rationalisierung im Rahmen des *Begründungs*zusammenhanges[49] einer Norm. Dogmatik wird in den Dienst der *Darstellung*[50] von Recht(serzeugung) gegenüber den von diesem Recht Betroffenen gestellt. Die – und zwar nicht nur gelegentlich – wenig rationale, wenig kohärente und wenig transparente *Herstellung* von Recht wird im Weiteren durch die diesem Vorgang geltende und mit den Mitteln der Dogmatik bewerkstelligte, auf Rationalität, Kohärenz und Transparenz zielende Darstellung rechtlicher Entscheidungen überlagert, der Blick darauf also verstellt. Denn der reale Vorgang der Rechtsherstellung, dessen allfällige Unappetitlichkeit niemand Geringeres als *Otto von*

Bismarck so wortmächtig anhand des Vergleiches mit der Wurstherstellung geißelte, »stört« als Ausdruck politischen Interessenkampfes oder (partei)taktischen Kalküls, als Folge der Zufälligkeit von Person, Ort und Umständen der Entscheidung oder auch nur schlicht der Unfähigkeit respektive Unkenntnis des Entscheiders in empfindlicher Weise den – für das »Marketing« des Produktes »Recht« so unverzichtbaren – Rationalitätsanspruch der einmal getroffenen und nunmehr Verbindlichkeit erheischenden Rechtserzeugungsentscheidung in Gestalt etwa eines Gesetzes oder eines Urteils. Die Dogmatik, die sich ganz der Konsistenz – oder vielleicht genauer: der Konsistenzialisierung – des positiven Rechts verschrieben hat, hat daher nach eigenem Selbstverständnis alles daran zu setzen, den Störfaktor in Gestalt der Kontingenz des positiven Rechts zu neutralisieren oder wenigstens zu dissimulieren.[51]

Daneben entbindet die Dogmatik in ihrer herkömmlichen Gestalt einen bereits im Herstellungsprozess selbst wirksamen Abdunklungsmechanismus: In ihrer im Vergleich zur Stringenz und Rationalität des geltenden Rechts regelmäßig deutlich überschießenden Stringenz und Rationalität rechtsdogmatischer Systembildung[52] suggeriert die Dogmatik dem Rechtsanwender auch dort (Konsistenz- und Konsequenz-) Bindungen, wo das positive Recht keinerlei Vorgaben mehr für dessen Tun enthält; in der Folge ist sich der zur Rechtserzeugung Berufene nicht selten im Unklaren darüber, dass sein Eigenanteil am Prozess der Rechtsindividualisierung und -konkretisierung, dass also seine Befugnis zur *Selbst*programmierung von Rechts wegen größer ist, als er von Rechtsdogmatik wegen erscheint. Man mag darin eine List dogmatischer Vernunft erblicken, dass der Rechtserzeuger – namentlich der Richter – sich des Umfangs und der Tragweite der eigenen Rechtserzeugungs-Macht nicht bewusst ist und daher sich eher als Diener des Rechts begreift denn als dessen Herr geriert.[53] Die Kehrseite ist freilich, dass die gleichwohl einfließenden Wertungen auch rechtswissenschaftlich dementiert und dem Fachdiskurs entzogen zu werden drohen.

b) Theoriedefizit als Folge der Ausrichtung an der lex lata

Neben diesen, der Teilnehmerperspektive geschuldeten Theorie- und Reflexionsdefiziten der Dogmatik ergeben sich weitere Theorie- und Reflexionseinbußen als Folge der Ausrichtung der Dogmatik auf das geltende Recht. Bildet, erstens, die lex lata den unverfügbaren Entscheidungsrahmen des zur Rechtserzeugung Berufenen, sind, mit anderen Worten, die entscheidenden Binärcodierungen jene von »rechtmäßig/rechtswidrig«

und »gültig/nichtig«[54] und macht die Dogmatik sich, zweitens, die Perspektive des Rechtsanwenders zu eigen, so steckt das anzuwendende, momentan in Geltung stehende Recht grundsätzlich den Theorie- und Reflexionsrahmen dogmatischer Erwägungen ab. Weiter als nach der Geltung respektive Nichtgeltung einer in Frage stehenden Rechtsnorm zu fragen, hat aus Sicht einer Gebrauchsdisziplin, die den »internal point of view« bezieht,[55] keine Berechtigung und besteht insoweit auch keine Veranlassung. Als den Bedürfnissen des Rechtsanwenders Rechnung tragende juridische Gebrauchsdisziplin hat die Dogmatik gegenüber dem – aktuellen – positiven Recht keine Distanz und keine Vorbehalte, ist strukturell affirmativ und habituell distanzlos. Kritik am und Alternativen zum geltenden Recht – in der Verfassungsdogmatik: Kritik am und Alternativen zum Grundgesetz – stehen unter dogmatischen Auspizien infolgedessen grundsätzlich nicht zur Debatte, werden als Modi der Verfassungspolitik markiert und damit aus dem verfassungsdogmatischen Diskurs ausgeschieden.[56] Gelingt der Nachweis, dass ein behaupteter Rechtsinhalt tatsächlich Positivierung erfahren hat und folgeweise positivrechtliche Geltung besitzt,[57] endet die dogmatische Debatte. Mehr braucht nicht nachgewiesen zu werden; bei Lichte besehen lässt sich mithilfe der Dogmatik auch gar nicht mehr nachweisen.

Darüber hinaus führt die Orientierung an den Binärcodes von Rechtmäßigkeit und Rechtswidrigkeit einerseits sowie Geltung und Nichtigkeit andererseits dazu, dass nicht-rechtliche Bedingungen des Rechtsanwendungsgeschehens als solche, d.h. ohne dass sie ihrerseits zum Gegenstand von Sätzen des positiven Rechts gemacht worden sind, aus methodischen Gründen außer Betracht zu bleiben haben. Die Erkenntnisse der darauf spezialisierten nicht-dogmatischen Nachbardisziplinen können dementsprechend in dogmatischen Kontexten grundsätzlich nicht unmittelbar aufgegriffen und verarbeitet werden.

Und schließlich ist Dogmatik gut beraten, sich mit ihren Konzepten und Konstrukten nicht zu weit von der konkreten Rechtsgewinnungssituation zu entfernen, die zum einen durch ihre Sachverhaltsprägung gekennzeichnet ist und zum anderen dadurch, dass die anzuwendenden Rechtsvorschriften inhaltlich überwiegend konkret gehalten sind. Die Betonung des Fallbezuges aber wird regelmäßig nur um den Preis der Vernachlässigung des Systembezuges, der »großen Linien« zu haben sein.

Für das Verfassungsrecht ist zu ergänzen und einzuschränken: Die teils positivrechtlich, namentlich durch Bindungswirkung und Gesetzeskraft verfassungsgerichtlicher Judikate (§ 31 BVerfGG) verfügte, teils aber auch rechtsüberschießend entstandene Autorität des Bundesverfassungsgerichts führt dazu, dass die Karlsruher Rechtsprechung weithin als Theorieersatz fungiert. In dem Maße, in dem auf der einen Seite das Bundesverfassungsgericht eine kraftvoll-vitalistische Verfassungsinterpretation mit einem weitausgreifenden Herleitungs- und Begründungsstil pflegt und auf der anderen Seite die um Praxisnähe bemühte Staatsrechtslehre sich dem Bundesverfassungsgerichtspositivismus ergibt,[58] hat es die Verfassungstheorie schwer, darzutun, dass sie Erkenntnisbedarfe bedient, die von der Verfassungsdogmatik nicht befriedigt werden können.[59]

c) Selektivität verfassungsdogmatischer Perspektiven als Stärke und als Schwäche

Was hier mit dem wenig schmeichelhaften Begriff des Theorie- und Reflexionsdefizits belegt worden ist, ist indes keineswegs nur als Schwäche der Dogmatik zu begreifen. Abgesehen einmal davon, dass die genannten »Defizite« für eine in ihrem disziplinären Selbstand ernst genommene Dogmatik – nahezu ausnahmslos – unvermeidlich sind, kann die Selektivität der dogmatischen Perspektive auch als deren spezifische Stärke, gleichsam als deren Ausdifferenzierungsmehrwert begriffen werden. Denn nur dadurch vermag die Dogmatik ihre eigentümliche, die Eigengesetzlichkeit des positiven Rechts zum Maßstab nehmende und damit dieser dienende Rationalisierungsleistung im Prozess der Rechtsgewinnung zu erbringen. Kurz und pointiert lässt sich demnach resümieren: Damit Dogmatik praktisch funktioniert, muss sie theoretisch insuffizient sein.

3. Verfassungstheorie als Komplement »positivistischer« Verfassungsdogmatik

Mit diesen notwendigen Blickverengungen steht die (Verfassungs-)Dogmatik freilich in ständiger – da strukturell bedingter – Gefahr, in Dogmatismus, d.h. in ein für seine eigene Bedingtheit blindes Ensemble von Lehrsätzen, umzuschlagen. Um dem gegenzusteuern, um die »blinden Flecke« der Verfassungsdogmatik sichtbar, reflektierbar und damit allererst kritisierbar zu machen, um der Dogmatik mit anderen Worten Theorie zuzuführen und ihre (Selbst-)Sicherheit durch Komplexität zu irritieren, bedarf es einer auf die Bedürfnisse, Strukturen und Eigenrationalität der Verfassungsdogmatik ausgerichteten Reflexionsdisziplin. Diese Reflexionsdisziplin muss in der Lage sein, Fragen aufzugreifen, die zu stellen die Verfassungsdogmatik abschneidet, und sich dabei Perspektiven zunutze zu machen, die außerhalb des Horizonts der Verfassungsdogmatik liegen.

Als eine solche fungiert, soweit es um die Analyse der Rechtsgewinnungsstrukturen, d.h. der Selbsterzeugungsmodalitäten des Rechts geht, die – analytisch verstandene – *Rechtstheorie*.[60] Als Morphologie oder auch Anatomie des positiven Rechts operiert sie sozusagen rechtsordnungsimmanent, fragt nach der Eigengesetzlichkeit des – jeweiligen positiven – Rechts. Soweit hingegen die das positive Recht transzendierende Frage nach Sinn und Berechtigung ebendieses positiven (Verfassungs-)Rechts – wie der ihm geltenden (Verfassungs-)Rechtsdogmatik – aufgeworfen ist, stößt eine auf Beschreibung und Analyse der immanenten Funktionsgesetzlichkeiten des positiven Rechts beschränkte Rechtstheorie an ihre Grenzen. Man kann auch deutlicher werden: zu rechts(ordnungs)transzendenten Fragestellungen hat sie schlichtweg nichts beizutragen. Hier sind just Programm und Bestimmung der *Verfassungstheorie* angesprochen. Denn diese fungiert als die zuvörderst aufs Material-Substanzielle gerichtete Zwillingsdisziplin der primär dem Formal-Strukturellen zugewandten Rechtstheorie. Jene erweist sich unter den Auspizien der Sinn- und Rechtfertigungsfrage als das notwendige metadogmatische Komplement einer im oben genannten,[61] pragmatischen Sinne »positivistischen« Verfassungsdogmatik. Verfassungstheorie figuriert somit als die der Verfassungsdogmatik zugeordnete Reflexionsdisziplin.[62]

Diese erste Positions- und Funktionsbestimmung der Verfassungstheorie mag eine, an dieser Stelle notgedrungen noch vorläufige Zwischenüberlegung zum möglichen Ertrag einer Differenzierung von Verfassungsdogmatik einer- und Verfassungstheorie andererseits, damit zum möglichen Sinn und Zweck einer disziplinär verselbständigten Verfassungstheorie als sinnvoll erscheinen lassen. Was nämlich ist mit dem hier vorgeschlagenen, zugegebenermaßen recht komplizierten, um nicht zu sagen umständlichen disziplinären Setting eigentlich gewonnen? Warum kehrt man nicht einfach zu dem guten alten holistisch-integralistischen Verständnis von Dogmatik zurück, bei dem nicht groß zwischen verfassungsdogmatischen und verfassungstheoretischen Argumenten unterschieden, bei dem unter dem Einheitslabel »Verfassungsdogmatik« folglich auch all' das mitbehandelt wird, was hier dem disziplinären Sonderregime der Verfassungstheorie unterstellt wird? Im jetzigen Stadium der Überlegungen seien die Funktion der Verfassungstheorie für die Verfassungsdogmatik und damit die Funktionalität der Unterscheidung beider mit einer systemtheoretisch inspirierten Metapher angedeutet: Interpretiert man die Dogmatik (des Verfassungsrechts) als autopoietisches, also selbstreferentielles und selbstregulierendes System,[63] so lässt sich die spezifische Selektivität der Dogmatik auch als deren operative Geschlossenheit begreifen. Das heißt: Rechtsdogmatische Operationen sind nur für andere rechtsdogmatische Operationen anschlussfähig. Doch damit das System sich nicht »blind« zu seiner Umwelt verhält, anders formuliert: damit die Selbstreferentialität nicht in systemischen Autismus umschlägt – das Stichwort der »Verfassungs(dogmatik)introvertiertheit«[64] ist hier nicht mehr weit –, bedarf es der kognitiven Offenheit für die Umwelt der Dogmatik. Um im Bilde zu bleiben: Wenn auch die operativen Umweltkontakte, die mittels einer Öffnung der Tür des Systems zur Umwelt ausschließlich von innen, also durch die Dogmatik selbst gesteuert werden, so werden doch die systemischen Anpassungsoperationen desto »umweltgerechter« und damit das System in seiner Umwelt desto leistungsfähiger sein, je umfangreicher und je genauer die Umwelt-Informationen sind, die das System vor Ingangsetzung seiner Operationen verarbeitet. Die Informationsbeschaffung »vor« – und damit noch »ohne« – Öffnung des Systems vollzieht sich gleichsam über »Fenster« in der Außenhaut des Systems: mit ihrer Hilfe lässt sich das Außen von innen beobachten, ohne dass es bereits zu operativen innersystemischen Veränderungen kommt. Just die Rolle eines derartigen kognitiven »Fensters« kommt der

Verfassungstheorie im Verhältnis zur Verfassungsdogmatik zu: Sie verändert nicht den modus operandi der Verfassungsdogmatik, aber mit ihrer Hilfe lassen sich informiertere und reflektiertere Systemoperationen in Gang setzen, lässt sich, um eine weitere Wendung von *Niklas Luhmann* aufzugreifen, das strukturell bedingte »Komplexitätsgefälle zwischen Umwelt und System« zwar nicht beseitigen, aber doch mildern.[65]

III
Verfassungstheorie als Horizont der Verfassungsdogmatik

Mit der Aussage, die Verfassungstheorie sei jene Komplementärdisziplin, mit Hilfe deren das strukturelle Theoriedefizit der praxisorientierten Verfassungsdogmatik kompensiert werden könne, ist hingegen noch nicht gesagt, welche Perspektiven die Verfassungstheorie der Verfassungsdogmatik eröffnet (dazu sogleich) und über welche methodischen Pfade und Strukturen verfassungstheoretische Erkenntnisse in verfassungsdogmatischen Kontexten wirksam werden können (dazu nachfolgend IV.). Beiden Fragen wollen wir uns im Folgenden zuwenden.

1. Multivalenz von Verfassung und Multifunktionalität von Verfassungstheorie

Zunächst aber besteht Anlass, darauf hinzuweisen, dass mit der These von der gleichsam symbiotischen

Bezogenheit von Verfassungstheorie auf der einen und Verfassungsdogmatik auf der anderen Seite keineswegs behauptet wird, dass Verfassungstheorie nicht auch jenseits im engeren Sinne verfassungsdogmatischer Bedürfnisse legitime Einsatzgebiete besitzt, dass, mit anderen Worten, Verfassungstheorie auch jenseits der Anwendungsorientierung auf eine in Geltung stehende Verfassung mit Gewinn betrieben werden kann. Nicht zuletzt kann Verfassungstheorie genutzt werden, um in nicht-juridischen, etwa politikwissenschaftlichen Kontexten normwissenschaftliche Informationen über die Verfassung zu kommunizieren.[66]

Selbst in Bezug auf die Verfassungsdogmatik gibt es, will man Konkreteres benennen als die bereits identifizierte, noch reichlich abstrakte Theoriezuführungsfunktion, nicht die *eine* Aufgabe von Verfassungstheorie, sondern deren mehrere, ja gleich ein ganzes Aufgabenbündel. Das hat mehrerlei Gründe. *Ein* folgenreicher Grund ist der Umstand, dass die Verfassungstheorie es nicht nur mit *einem* Begriff und Phänomen von Verfassung zu tun hat, sondern sich als Reflexionsdisziplin gerade darin bewährt, unterschiedliche Begriffe und Phänomene von Verfassung zu unterscheiden und zueinander in Bezug zu setzen. Je nach Verfassungsbegriff respektive je nach Inbezugsetzung unterschiedlicher Verfassungsbegriffe – im Sinne des Wechsels von Gegenstand und Maßstab – zielt die

Funktion verfassungstheoretischen Räsonnements auf Unterschiedliches. Der mehrfache Perspektivenwechsel seinerseits darf als Ausdruck verstanden werden, dass und wie sich die unterschiedlichen, in und von der Verfassungstheorie »verarbeiteten« nachbarwissenschaftlichen Erkenntnisse auch in ihrem neuen Kontext noch Geltung verschaffen.

Greift man aus der Typologie polarer Begriffspaare von Verfassung[67] die vier bedeutsamsten heraus, so lassen sich folgende Verfassungsbegriffe paarweise entgegensetzen:

- Erstens: Das Paar der Verfassung im *materiellen* und im *formellen* Sinne bildet die herkömmliche, freilich etwas gröbere Unterscheidung von Staatsrecht und Verfassungsrecht[68] ab: während die Verfassung im materiellen Sinne unter inhaltlichen Auspizien die grundlegenden Regelungen des Gemeinwesens begreift, zielt die Verfassung im formellen Sinne auf die von der Erzeugungsform und von ihrer Rechtsverdrängungsmacht her herausgehobenen Regelungen des jeweiligen Gemeinwesens.

- Zweitens: Wer der *positivrechtlichen* die *positive* Verfassung, mit *Carl Schmitt* lässt sich auch formulieren: dem Verfassungsgesetz die Verfassung entgegensetzt,[69] kontrastiert die gesetzesförmig-vordergründige, juristisch-formale und deswegen jederzeit an äußerlichen Kennzeichen leicht erkennbare Verfassung mit der dahinter stehenden, nicht in Rechtsformen gegossenen, »eigentlichen« Verfassung als der, wie *Schmitt* es nennt, »Gesamtentscheidung über Art und Form der politischen Einheit«, die die Geltungsgrundlage für das Verfassungsgesetz abgibt. *Schmitt* zufolge markiert die Unterscheidung von Verfassung und Verfassungsgesetz »für die Verfassungslehre [...] de[n] Anfang jeder weiteren Erörterung«.[70]

– Drittens: Dem Begriffspaar von positivrechtlicher und positiver Verfassung ähnlich, aber mit ihm doch in markanter Hinsicht nicht deckungsgleich ist jenes von *realer* und *idealer* Verfassung. Zwar teilen beide Spielarten von Verfassung die Normativität.[71] Doch was sie trennt, ist ihr Realitätsbezug oder, genauer, die Positivität: Der Realverfassung, also der durch äußeres menschliches Verhalten verwirklichten, positivierten Verfassung steht die Idealverfassung als ausschließlich gedachte, nicht in die Rechtsetzungstat umgesetzte Verfassung gegenüber. Während dem ersten Sollen Realität im Sinne von verhaltenserzeugter Positivität eignet, verharrt das zweite Sollen im Reich der Ideen, der Idealität. Mit letzterem verwandt, aber doch nicht mit ihm zu verwechseln ist die Verfassung als Idealtypus im Sinne *Max Webers*.[72]

– Viertens: Ein Realitätsbezug anderer Art ist schließlich für das letzte Begriffspaar bestimmend – jener von *faktischer* und *normativer*, von »gelebter« und geltender Verfassung, von »constitution in action« und »constitution in the books«, von »Verfassungswirklichkeit« und Verfassung(sanspruch), von Verfassungs-Sein und Verfassungs-Sollen.[73]

Jedem Begriffspaar ist, zumindest der Tendenz nach, ein Wertgefälle immanent. In jedem Begriffspaar figuriert die eine Seite als »constitutio maior«, als die bessere und eigentliche Verfassung, indes der anderen nur mehr die Rolle der »constitutio minor«, der Minderverfassung, zukommt: So kann die aufs Äußerliche fixierte Verfassungsform es an Dignität und Legitimität mit dem Verfassungsinhalt nicht aufnehmen. Die positive Verfassung ist schon existentiell mehr wert als das bloße positivrechtliche Verfassungsgesetz. Die Realverfassung bleibt mehr oder minder stark hinter den Möglichkeiten und Maßgaben der Idealverfassung zurück. Und der Verfassungsanspruch schließlich bricht sich an – nicht wenige meinen gar: wandelt sich mit – der machtvollen »Verfassungswirklichkeit«.[74]

In der jeweiligen Minderform, also der jeweiligen »constitutio minor«, ist in allen vier Begriffspaaren die Verfassung als Gegenstand der Verfassungsdogmatik präsent: es ist die formelle, die positivrechtliche, die reale und die normative Verfassung. Ein Caveat sei freilich angebracht: Wenn davon die Rede ist, dass die jeweilige »constitutio minor« jene Verfassung bildet, die Gegenstand der Verfassungs*dogmatik* ist, so heißt das nicht pari passu, dass der Verfassungsbegriff der Dogmatik auch jener der Theorie sein müsste. Darauf wird sogleich zurückzukommen sein (nachfolgend 3.a).

Die Verfassungs*theorie* gewinnt ihren Resonanzboden und erzielt Reflexionsgewinne aus den Inbezugsetzungen der unterschiedlichen Variationen der »constitutio maior« zu den Erscheinungsformen der »constitutio minor«, die Gegenstand der Verfassungsdogmatik sind. Im Folgenden kann es nicht darum gehen, sämtliche Perspektiven – und darauf gründend sämtliche Funktionen – von Verfassungstheorie zu entfalten. Die weiteren Überlegungen beschränken sich vielmehr im Wesentlichen auf die zwei aus Sicht der Verfassungsdogmatik wohl folgenreichsten Inbezugsetzungen. Im ersten Falle dient Verfassungstheorie der – positiven wie negativen, der legitimierenden wie delegitimierenden – *Kritik* der positivrechtlichen Verfassung am Maßstab der Idealverfassung, im zweiten der *erklärenden Sinnstiftung* in Bezug auf die positivrechtliche Verfassung.

2. *Kritik der positivrechtlichen Verfassung am Maßstab der idealen Verfassung*

Der Kontrastwert der Verfassungstheorie gegenüber der Verfassungsdogmatik wird herausgekehrt, wenn die normativ-reale, also positivrechtliche Verfassung an der normativ-idealen Verfassung gemessen wird. Jene bildet hier den Gegenstand des Messens, diese den Maßstab. Noch weitergehend lässt sich formulieren: Die konkret geltende Verfassung eines Staates bildet bloß *einen* Gegenstand neben potentialiter unendlich vielen anderen Gegenständen.

Dieses Messen der positivrechtlichen Verfassung an einem positivitätstranszendierenden, dem geltenden Recht also äußerlichen Maßstab kann einmal ohne, einmal mit Anwendungsbezug erfolgen. Das eine Mal begnügt es sich mit der Antwort auf die erste der Fragen Kants »Was kann ich wissen?«, das andere Mal dient es letztlich der Antwort auch auf die zweite der kantischen Fragentrias »Was soll ich tun?«. Während die Verfassungstheorie im ersten Falle die Funktion einer »Verfassungsrechtsphilosophie«, d.i. einer ihren Fokus auf die Verfassung richtenden Rechts- und Staatsphilosophie einnimmt, begnügt sie sich im zweiten Falle nicht mit – in der »Passivität« der Reflexion verharrender – Kritik, sondern drängt darüber hinaus aufs Tun, auf Veränderung des status quo, figuriert folglich als wissenschaftlicher Ausleger der Verfassungsrechtspolitik.[75] Die Idealverfassung ist ihr die constitutio ferenda, ihr Handlungsprogramm. Wird hingegen nicht an der Idealverfassung gemessen, sondern bildet der Idealtypus der – sagen wir – modernen freiheitlich-demokratischen Verfassung das tertium comparationis, so wechselt der Fokus von der Kritik am Ideal zum Vergleich am Idealtypus.

Hier ist bereits der Boden der Verfassungsvergleichung, der *Verfassungskomparatistik*, betreten. Sie führt der Verfassungstheorie in besonderem Maße Anschauungsmaterial zu[76] und versetzt diese in die Lage, als disziplinäres Medium der Kommunikation über die Grenzen einer einzelnen Verfassungsordnung hinweg zu dienen.[77] Wie die *Verfassungsgeschichte* auf den diachronen Vergleich, sozusagen in die »Tiefe« zielt, so die Verfassungskomparatistik auf den synchronen Vergleich, sozusagen in die »Breite«. Beiden können, was die konkrete geltende Verfassung betrifft, in kritischer Absicht betrieben werden. Sie können aber auch schlicht – und damit ist der Übergang zur zweiten Funktion von Verfassungstheorie vollzogen (dazu sogleich 3.) – zum besseren Verständnis, zur überzeugenderen theoretischen Konzeptionalisierung der eigenen Verfassung durch deren historische und vergleichende Kontextualisierung herangezogen werden. Der verfassungsgeschichtliche Rückblick wie der verfassungsvergleichende Seitenblick sind dazu prädestiniert, den mit dem eigenen (verfassungsdogmatischen wie) verfassungstheoretischen Standpunkt verbundenen blinden Fleck sichtbar zu machen und kritisch zu beleuchten. Die vom diachronen wie synchronen Vergleich beförderte Kontextualisierung des eigenen verfassungstheoretischen Entwurfs bedeutet neben der relationierenden Perspektivenerweiterung auf Vergangenes und Konkurrierendes selbstredend auch eine Relativierung des eigenen Theorieentwurfs. So kann verfassungsgeschichtliches wie verfassungsvergleichendes Räsonnement wertvolle Hilfestellung leisten bei der Antwort auf die Frage, wie zwingend oder wie zufällig, wie selbstverständlich oder wie voraussetzungsvoll, wie bedingt eben bestimmte verfassungstheoretische Konzepte und Konstrukte, Annahmen und Ableitungen sind. Davon hängt ab, wie eng, unmittelbar und zwangsläufig das Verständnis geltendrechtlicher (und verfassungsdogmatischer) Sätze an ein bestimmtes verfassungstheoretisches Erklärungsmuster gebunden ist oder inwiefern dieses nur *eines* von vielen möglichen Deutungsangeboten darstellt.

3. Lehre von den Bewegungsgesetzen der Verfassung

Statt der Kritik kann sich die Verfassungstheorie aber auch der Erklärung – man mag auch von Sinngebung sprechen – verschreiben: Es wird dem Warum und

Wozu der Verfassung, dem gleichsam hinter den positivrechtlichen Einzelregeln sich verbergenden Eigensinn der constitutio lata nachgespürt. Diese Sicht verhält sich nicht kritisch zu ihrem Gegenstand, sondern, ganz im Gegenteil, in des Wortes doppelter Bedeutung konstitutionell affirmativ: Die Sinnhaftigkeit der geltenden Verfassung wird nicht in Frage gestellt, jene soll vielmehr entfaltet, der sinnvermittelnde modus operandi der gegebenen Verfassung freigelegt werden. Verfassungstheorie in diesem Sinne versteht sich als die Lehre von den Bewegungsgesetzen der Verfassung (genauer vielleicht: einer konkreten Verfassung), als die Lehre von der der constitutio innewohnenden ratio, die die positivrechtlichen Bestimmungen in einen konsistenten Sinnhorizont stellt, der freilich durch die verfassungsgesetzlichen Norm selbst zumeist nur unzureichend verwirklicht wird. Zwei Aspekte mögen hier unterschieden werden:

a) Kontextualisierung verfassungsrechtlicher Einzelphänomene »im« Ganzen der Verfassung

Der erste Aspekt ist die Konstruktion der (Sinnvermittlungs-)Einheit aus den positivrechtlichen Teilen. Verfassungstheorie formt die Sinn-Einheit über der Vielheit der positivrechtlichen Normen, stellt für die Verfassungsnormen einen – diese notwendigerweise transzendierenden – Verständnishorizont bereit und verleiht der in der Verfassung schlummernden Entelechie ihre Stimme. Sie ist insofern holistisch angelegt.[78] Verfassungstheorie ist der Ort, an dem die für die Verfassungsrechtswissenschaft insgesamt unentbehrlichen »großen Erzählungen«, die leitenden kollektiven Deutungsmuster, geformt und verbreitet werden. Darin dient verfassungstheoretisches Räsonnement auch der ikonographischen Entschlüsselung der positivrechtlichen Verfassungsbestimmungen.

Das ist mehr und anderes, als die Dogmatik vermag. Das wird bereits daran offenbar, was jeweils unter »Verfassung« verstanden wird:[79] Die positivrechtliche Verfassung, so wie sie Gegenstand der Verfassungsdogmatik ist, ist nämlich, bei Lichte betrachtet, keine Norm, sondern eine Abbreviatur für ein Ensemble mehr oder minder inhaltlich heterogener Verfassungsnormen. Wer glaubt, dies als bloße Spitzfindigkeit abtun zu können, der sei auf Art und Weise der Auslegung und Anwendung von (Verfassungs-)Recht verwiesen. Denn *die* Verfassung kann nicht ausgelegt und sie kann auch nicht angewendet werden. Ausgelegt und angewendet werden können nur einzelne Verfassungsbestimmungen, und seien es auch mehrere Einzelbestimmungen im Anwendungsverbund. Nur die Verfassungsnormen als solche senden Normbefehle aus, nicht aber die Verfassung als eine Art Supernorm. Die Verfassung als Ganzes ist also, soweit von ihr verfassungsdogmatisch die Rede ist, bei normtheoretischem Lichte betrachtet nichts als eine namentlich aus Gründen der Konvention, der Handhabungsvereinfachung und der Verständniserleichterung gewählte façon de parler. Verfassung ist in der Dogmatik bloß ein heuristisches Kürzel. Und wenn das geltende Recht von »Verfassung« spricht, so meint es Normen, denen eine bestimmte Gattungseigenschaft eigen ist, eben die – zum jeweiligen Zeitpunkt in Geltung stehenden – Normen im Verfassungsrang, und zwar als einzelne, mehrere oder aber alle. Die Verfassungsdogmatik muss sich infolgedessen bewusst bleiben, dass die so häufig und gern beschworene »Einheit der Verfassung« – bestenfalls – eine heuristische Konstruktion bildet, eine nützliche Arbeitshypothese zwar, die jedoch keine valide Basis für dogmatische Deduktionen abgibt.[80]

Anders in der Verfassungstheorie: Ihr geht es um das Ganze »hinter« den Teilen, um die Verfassung »hinter« den Verfassungsnormen. Für sie markiert »die Verfassung« eine substanzielle Entität. Dass dem keine positivrechtliche Realität entspricht, stellt aus Sicht der Verfassungstheorie keinen Widerspruch dar, muss sie doch nicht an den Grenzen des positiven Rechts halt machen und stellt doch die Verfassung in ihrem Sinne die – zwar normative, aber gleichwohl metapositive – »Suprastruktur«[81] oder auch »Sinnreferenz«[82] der positivrechtlichen Verfassung(snormen) dar. Verfassung im Sinne der Verfassungstheorie ist die Suprastruktur, die sich in den positivrechtlichen Verfassungsbestimmungen erkennen lässt und aus der heraus diese zu verstehen sind. Sosehr und so berechtigt das Reden von einer verfassungsrechtlichen »Werteordnung«[83] sub specie der Dogmatik der Kritik ausgesetzt ist:[84] in der Verfassungstheorie begegnet es keinen prinzipiellen Bedenken, von der Verfassung als der – notabene: metapositiven – »Wertordnung« zu sprechen.

Den soeben entfalteten Zusammenhang kann man auch anders herum formulieren: Verfassungstheorie bietet der Verfassungsdogmatik ein mitunter reiches Reservoir von Sinnstiftungsangeboten. Deren kann[85] sich die letztere bedienen, muss sich aber im Klaren darüber sein, dass sie verfassungstheoretische Konstrukte nur in heuristischer Weise einsetzen darf. Aus Sicht der Verfassungsdogmatik fungiert Verfassungstheorie insoweit als »Verfassungsheuristik«: sie eröffnet, erleichtert und vertieft das Verständnis von Verfassung(snormen), sie bestimmt und verändert aber weder deren Geltung noch deren Inhalt.[86]

b) Lehre von den Bedingungen normativer Sinnerfüllung

Ein zweiter Aspekt – vielleicht wäre es treffender zu formulieren: ein zweiter Zweig – der Lehre von den

Bewegungsgesetzen der Verfassung verdient, eigens hervorgehoben zu werden. Man könnte ihn die Lehre von den Bedingungen normativer Sinnerfüllung nennen.

Transzendiert die Verfassungstheorie den mit den Mitteln der (Verfassungs-)Dogmatik nur in seinem positivrechtlichen Anwendungsbezug beschreibbaren Normbefehl auf ein Sinnganzes hin, so spielen die nicht-positivierten und überwiegend auch nicht-positivierbaren Bedingungen, unter denen Verfassungsbestimmungen ihre volle Sinnentfaltung oder Sinnerfüllung erfahren, eine zentrale Rolle. Es sind dies die Bedingungen, die erfüllt sein müssen, damit eine Norm den ihr innewohnenden Anspruch als Medium sozialer Steuerung wie als Instrument sozialer Gerechtigkeit auch in die Tat umzusetzen vermag. Diese Bedingungen lassen sich idealtypisch nach zwei Seiten hin bestimmen. Zum einen: Welche – positivrechtlich nicht eigens geregelten – Voraussetzungen müssen erfüllt sein, damit die (Verfassungs-)Norm in Anspruch genommen, damit von ihr sinnentsprechend Gebrauch gemacht werden kann? Diese erste Frage zielt auf die Verfassungsvoraussetzungen. Und zum anderen: In welcher Weise soll von der Norm Gebrauch gemacht werden, um die ihr zugedachte Wirkkraft vollgültig zu entfalten? Mit dieser zweiten Frage wird den Verfassungserwartungen oder auch

Erwartungen an die Verfassungsaktualisierung nachgespürt (dazu sogleich 4.b).

Dass hier zahlreiche, die Möglichkeiten der Steuerung des positiven Rechts weit überschreitende Faktoren am Werke sind, ist ebenso wenig zu übersehen, wie in umgekehrter Richtung, dass die eine oder andere Bedingung normativer Sinnerfüllung durchaus positiv(verfassungs)rechtlich mitgewährleistet ist. Darauf wird bei der Frage nach den methodologischen Bezügen von Verfassungstheorie und Verfassungsdogmatik zurückzukommen sein.[87]

4. Fluchtpunkte verfassungstheoretischen Räsonnements

Die beiden soeben herausgearbeiteten Elemente der Lehre von den Bewegungsgesetzen der Verfassung finden auch bei den Fluchtpunkten verfassungstheoretischen Räsonnements ihren Niederschlag. Spielt bei der Sinnvermittlung das Denken im System, die konstruktive Extrapolation und das Hantieren mit Idealtypen die überragende Rolle, so sind die beiden Erkennungsmelodien der Lehre von den Bedingungen normativer Sinnerfüllung, wie bereits angedeutet, die Verfassungsvoraussetzung einer- und die Verfassungserwartung andererseits.

a) System – Konstruktion – Idealtypus

Verfassungstheorie geht aufs Ganze und Verbindende, auf das alles Durchdringende und Steuernde, das Bewegungsgesetz jenseits der positivierten Steuerungstechnik des Verfassungsgesetzes im eigentlichen Sinne. Dieses Bewegungsgesetz findet es – 'mal im Singular, 'mal im Plural – in Gestalt der Leitidee, des Leitbildes, des Schlüsselbegriffs, des Grundsatzes, des Prinzips, des Idealtypus, der Deutungsfolie. Verfassungstheoretisches Denken ist, weit mehr – und weit legitimer – noch als verfassungsdogmatisches Denken *teleologisch* geprägt. Denn auf dem Boden der Verfassungstheorie können sich der teleologischem Denken eigene Stringenz-, Konsistenz- und Konsequenzzwang in voller Reinheit und Klarheit entfalten – und dies ganz ungehindert und unverfälscht durch die das positive Recht als Menschenwerk kennzeichnenden Widersprüche und Lücken, sachfremden Kompromisse und systemfremden Vermengungen, die allesamt von der dem positiven Recht strikt akzessorischen (Verfassungs-) Dogmatik nolens volens berücksichtigt und getreulich abgebildet werden müssen.[88] Stellvertretend mag hier eines der für die Freiheitlichkeit einer Verfassungsordnung charakteristischsten verfassungstheoretischen Theoreme genannt werden, nämlich das rechtsstaatliche Verteilungsprinzip,[89] wonach die Begründung von Rechten und Pflichten im Staat-Bürger-Verhältnis asymmetrisch verläuft.

b) Insbesondere: Verfassungsvoraussetzungen und Verfassungserwartungen

Das Begriffspaar von Verfassungsvoraussetzungen und Verfassungserwartungen wurde von *Herbert Krüger* richtungweisend formuliert[90] und von *Josef Isensee* im staatsrechtlichen Diskurs nachhaltig etabliert.[91] Während unter Verfassungsvoraussetzungen jene Faktoren rechtlicher oder realer Art begriffen werden, von denen die Möglichkeit praktischer Wahrnehmung verfassungsrechtlicher Rechtspositionen abhängt, ohne dass sie zum Gewährleistungsbereich oder zu den Schranken dieser Verfassungsrechtsposition gerechnet werden dürfen,[92] können Verfassungserwartungen definiert werden als »das von der Verfassung angestrebte, aber nicht durch Rechtsgebot sanktionierte Leitbild des gemeinwohlgerechten Gebrauchs« verfassungsrechtlich verbürgter Positionen.[93] Während Verfassungsvoraussetzungen die Bedingungen namhaft machen, die gegeben sein müssen, damit das verfassungsrechtliche Versprechen tatsächlich auch lebensweltlich eingelöst werden kann, zielen die Verfassungserwartungen auf die rechte, d.h. den Regelungszweck am nachdrücklichsten erreichende

Art und Weise, die in der Verfassungsbestimmung verkörperte Rechtsmacht auszuüben.

Beiden gemeinsam ist, dass das »Funktionieren« von Verfassungsbestimmungen in der sozialen Realität zwar von ihnen abhängt, dass sie aber ungeachtet dessen selbst nicht (Teil dieser) Verfassungsnormen sind und diese auch nicht in ihrem Inhalt oder Status verändern. Verfassungsvoraussetzungen und Verfassungserwartungen thematisieren folglich gleichermaßen die Verwiesenheit von (Verfassungs-)Recht auf Nicht(verfassungs)rechtliches, ohne dass letzteres jedoch zum Regelungsgegenstand von ersterem erhoben würde. Sie stehen folglich in gleicher Weise unter einer doppelten Gesetzlichkeit: Auf der einen Seite lassen sich der positivrechtliche Status und Inhalt einer Verfassungsnorm gegenüber ihrem *nicht* im Verfassungsrang positivierten (Voraussetzungs- und Erwartungs-)Kontext isolieren und analysieren; im Gegensatz zu den Verfassungsvoraussetzungen und -erwartungen verfügen die Verfassungsbestimmungen selbst infolge ihrer spezifischen normativen Positivität über eine eigengeartete und eigenrationale Existenz und Bedeutung. Auf der anderen Seite darf indessen nicht übersehen werden, dass die so begründete Autonomie *nicht* Autarkie in dem Sinne bedeutet, dass die Normen kontextlos verstanden und verwirklicht werden könnten, dass, mit anderen Worten, der nicht (im Verfassungsrang) positivierte Kontext unter dem Gesichtspunkt der Realisierung der Norm hinweggedacht werden könnte.[94]

Letzteres ist denn auch der berechtigte Kern einerseits der von der Strukturierenden Rechtslehre herausgestellten Unterscheidung von Normprogramm und Normbereich[95] und andererseits des sogenannten kulturwissenschaftlichen Ansatzes, der die kulturelle Kontextualisierung des kontingenten positiven Rechts ins Bewusstsein hebt und einfordert.[96] Beide Ansätze »bedienen« jedoch nur den zweiten Aspekt und neigen dazu, den erstgenannten Gesichtspunkt zu vernachlässigen, dass nämlich ungeachtet des zwischen positivrechtlicher Norm und nichtpositiviertem Umfeld bestehenden Entstehungs-, Verwirklichungs- und Sinnzusammenhanges erstere – d.i. die positivrechtliche Vorschrift – über Eigenexistenz und Eigengesetzlichkeit verfügt: Nur die Norm (das Normprogramm), nicht aber der für ihr Verständnis unerlässliche Kontext (der Normbereich), sendet Gebote und Verbote, Erlaubnisse und Ermächtigungen mit sanktioniertem Verbindlichkeitsanspruch, d.h. im Modus des geltenden Rechts aus. Nur die Norm selbst, nicht aber der Kontext, in den sie hineingestellt worden ist, unterliegt schließlich den Erzeugungs- und Änderungs-, den Auslegungs- und Anwendungsbedingungen, die – allein – vom positiven Recht geregelt werden.

Bei alledem geht es nicht nur und nicht einmal primär um die formale oder strukturelle Einsicht zum einen in die Grenzen des durch (Verfassungs-) Recht Regelbaren und zum anderen in die Verwiesenheit positivierter Normativität auf nicht (zumindest nicht im Verfassungsrang) positivierte Normativität wie Faktizität. Weit mehr noch als diese, einer freiheitlichen Verfassung äußerlich bleibende Doppelerkenntnis lässt sich an dem Zusammenwirken von Verfassungsvoraussetzungen und -erwartungen mit den Verfassungsverbürgungen die Fragilität des verfassungsstaatlichen Freiheitskonzepts, das Wagnis grundrechtlicher Freiheit demonstrieren.[97]

5. Scheidung und Vermittlung von Verfassungslegalität und Verfassungslegitimität

Geht es der Verfassungsdogmatik – wenn ich das so plakativ ausdrücken darf – um die Verfassungs*legalität* und steuert die Verfassungstheorie die Perspektive der Verfassungs*legitimität* bei, so obliegt der Verfassungstheorie als Reflexions- und Grundlagendisziplin der Verfassungsdogmatik die doppelte Aufgabe, die Verfassungslegalität und die Verfassungslegitimität einerseits in ihrer jeweiligen Eigengesetzlichkeit voneinander zu scheiden und sie andererseits in ihrer Bezogenheit zu vermitteln.

Die Entgegensetzung von Verfassungslegalität und Verfassungslegitimität entspricht im Wesentlichen der Unterscheidung von constitutio und ratio constitutionis. Man könnte auch, um den Setzungsaspekt stärker zu betonen, statt von der constitutio von der *ordinatio* constitutionis sprechen und damit die ordinatio constitutionis der ratio constitutionis gegenüberstellen. Just für eine – im eingangs beschriebenen Sinne[98] – »positivistische« Verfassungsdogmatik spielt die ratio constitutionis als das metapositive Um-willen einer einzelnen Verfassungsbestimmung oder gar aller Verfassungsbestimmungen – im wahrsten Sinne des Wortes – eine grundlegende Rolle. Denn die Verfassung als die – zumindest für das betreffende rechtlich verfasste Gemeinwesen – höchste positivrechtliche Norm(enschicht) kennt keine weitere Norm(enschicht) des positiven Rechts, auf die sie sich zurückführen lassen und damit stützen könnte. Sie findet ihre Grundlage nur mehr in sich selbst. Da und soweit sowohl eine materiale Rechtfertigung aus einer noch grundlegenderen Norm als auch eine formal-prozedurale Rechtfertigung aus dem Rechtskonkretisierungsprozess für die Verfassung per definitionem ausscheidet, leidet die ranghöchste Rechtsschicht unter einem brennenden Bedürfnis nach innerer Rechtfertigung.

Das unterscheidet sie, wie gesagt, von allen übrigen Normen einer innerstaatlichen Rechtsordnung, die sich zumindest in den von der Verfassung vorgehaltenen Rahmen einfügen müssen. Dies erklärt zugleich, warum der *Verfassungs*theorie in gewissem Sinne so etwas wie eine disziplinäre Alleinstellung zukommt und entsprechende Reflexionsdisziplinen im Privat-, Straf- und Verwaltungsrecht nicht oder doch nicht in gleicher Dimensionierung, Funktion und Bedeutung existieren.[99]

Die sich in der constitutio verkörpernde Legalität und die sich in der ratio constitutionis verkörpernde Legitimität gehören, wiewohl sie strikt zu trennen sind, doch zusammen, stehen sie doch in einer Art Wechselbezüglichkeit. So verfügt jede constitutio, erachtet man sie nicht als sinnfrei,[100] über eine ratio und kann ohne diese nicht wirklich in ihrer Sinnhaftigkeit verstanden werden. Auf der anderen Seite bringt die ratio die constitutio nicht hervor: »auctoritas, non ratio facit constitutionem«. Obgleich sie der constitutio also erst den wirklichen, nicht nur oberflächlichen Sinn vermittelt, ist es doch ein kontingenter, historisch-realer Setzungsakt der Verfassung(sgesetz)gebung, der die Verfassung zur Entstehung, sprich: zur Geltung, bringt. Anders gewendet: Legalität braucht, um Wirksamkeit (nicht Geltung!) entfalten, ja, um in ihrer Sinnhaftigkeit verstanden, angenommen und gelebt werden zu können, Legitimität. Aber bloße Legitimität erzeugt nicht Legalität, jene bedarf also dieser, um aktuell werden zu können und nicht bloß virtuell bleiben zu müssen.

6. *Verfassungstheorie als Mittlerdisziplin für die Verfassungsdogmatik*

Eingangs wurde die Verfassungstheorie bezeichnet als die Grundlagendisziplin der Verfassungsdogmatik.[101] Dies war nicht nur in dem Sinne gemeint, dass jene zuvörderst als Komplementärdisziplin zu dieser zu begreifen und zu betreiben ist. Mit der Qualifikation sollte auch die – gemessen an den sonstigen Grundlagendisziplinen – relative *Un*selbständigkeit der Verfassungstheorie begrifflich erfasst werden. Diese Unselbständigkeit besteht nach zwei Seiten hin: nämlich zur Verfassungsdogmatik und zu den verfassungswissenschaftlichen Nachbardisziplinen. Zu ersterem braucht hier nichts Weiteres gesagt zu werden.[102] Aber auf letzteres seien noch einige wenige Worte verwendet.

Tut sich die methodenbewusst betriebene Verfassungsdogmatik – ich möchte ergänzen: konsequenterweise – schwer, nachbarwissenschaftliche Erkenntnisse unvermittelt in den eigenen disziplinären Erkenntnisprozess einzuspeisen, so kennt die Verfassungstheorie weder eine entsprechende Scheu noch entsprechende methodische Restriktionen. Denn ihr primärer, gar ausschließlicher Maßstab ist, anders als bei der Verfassungsdogmatik, *nicht* die Frage, ob das vorgestellte wissenschaftliche Konzept als getreuliche Erfassung des positiven Rechts gelten kann. Ihr ist es, um eine Formulierung von *Ronald Dworkin* aufzugreifen, um die »soundest theory«[103] der guten Verfassung zu tun, um eine Theorie, die sich gerade nicht mit der positivrechtlichen Introspektive begnügen darf und will. Zu diesem Behufe fließen in die verfassungstheoretische Modellbildung als Bauelemente in großem Maße nachbarwissenschaftliche Konzepte und Konstrukte ein, wie sich besonders eindrucksvoll sowohl an den Verfassungsvoraussetzungen als auch an den Verfassungserwartungen demonstrieren lässt. Die Verfassungstheorie erfüllt in Bezug auf die Verfassungsdogmatik geradezu die Rolle einer Rezeptions- und Transformationsdisziplin für nachbardisziplinäre, und das heißt: einerseits für wirklichkeits- und kulturwissenschaftliche Erkenntnisse namentlich aus der Soziologie, der Wirtschaftswissenschaft, der Politikwissenschaft und der Psychologie und andererseits für im engeren Sinne verfassungswissenschaftliche Grundlagenerkenntnisse namentlich aus der Allgemeinen Staatslehre, der Verfassungsgeschichte, der Verfassungskomparatistik, der Rechts- und Staatsphilosophie und der Politischen Theorie. Hier berührt sich die vorliegende Lesart von Verfassungstheorie mit dem *Hellerschen* Konzept einer kultur-, wirklichkeits- und strukturwissenschaftlich gedeuteten Staatslehre.[104]

Doch damit sinkt Verfassungstheorie nicht zu einem bloßen Sammelbecken dogmatikfremder Perspektiven auf Phänomene herab, die von den betreffenden Nachbarwissenschaften selbst als »Verfassung« bezeichnet werden. Als solches wäre die Verfassungstheorie – schon weil mit »Verfassung« entsprechend den unterschiedlichen Erkenntnis- und Erhebungsmethoden unterschiedliche Konstruktionen von Wirklichkeit angesprochen sind[105] – nicht mehr als ein ungeordnetes, in seiner Brauchbarkeit für und in seiner Anschlussfähigkeit an die Verfassungsdogmatik zweifelhaftes Sammelsurium heterogener Einzeldaten und unverdauter Lesefrüchte in einem verfassungswissenschaftlichen Esperanto. Die disziplinäre Eigenständigkeit einer derartigen »Integrationswissenschaft«[106] stünde, neben ihrem Nutzen, zur Disposition.

Der Mehr- und Eigenwert der Verfassungstheorie liegt denn auch – wir können hier an früher Gesagtes anknüpfen[107] – in einer Art Schnittstellenmanagement für die Verfassungsdogmatik: Nach »außen« hin besitzt sie, indem sie offen ist für die Rezeption für verfassungsbezogene Wirklichkeitskonstruktionen nachbarwissenschaftlicher Disziplinen, eine inter- oder auch transdisziplinäre Seite; sie zollt damit der disziplinären Ausdifferenzierung Tribut. Nach »innen«, also zur Verfassungsdogmatik hin, erfolgt eine Sichtung und Aufbereitung der nachbarwissenschaftlichen Erkenntnisse nach den Bedürfnissen der Verfassungsdogmatik. Man mag diesen Transformationsprozess als »normative Zurichtung« oder auch als Übersetzung in die »Sprache« juridischer Normativität, in das »Sprachspiel« der Verfassungsdogmatik bezeichnen. Der Sache nach werden die – im weiteren Sinne – verfassungswissenschaftlichen Erkenntnisse in Aussagen über Sätze und Konzepte *möglichen* (Verfassungs-)Rechts übersetzt. Den Sätzen und Konzepten kommt juridische Normativität *unabhängig* von deren – fehlender – Positivität zu.

Zugleich prästiert die Verfassungstheorie Metaregeln, mit deren Hilfe der Kreis zulässiger Argumente im verfassungsdogmatischen Kommunikationszusammenhang bestimmt werden kann. So wird die Verfassungsdogmatik in den Stand versetzt, Anschluss an den Forschungs- und Erkenntnisstand der übrigen Wissenschaften von der Verfassung zu halten. Will man beide Seiten, Innen wie Außen, terminologisch bedienen, so könnte die Verfassungstheorie als verfassungsdogmatikorientiertes Grundlagen-Cluster bezeichnet werden.

Dass die Verfassungstheorie in besonderer Weise auf die Verfassungsdogmatik ausgerichtet ist, heißt natürlich nicht, dass sie nicht auch noch in weiterer Hinsicht als eine Art Relaisdisziplin fungiert. Hier lassen sich der *interdisziplinäre* und der *internationale* Aspekt unterscheiden. Von der Funktion der Verfassungstheorie als Vergleichender Verfassungsrechtswissenschaft, sprich: als international ausgerichteter Relaisdisziplin, war bereits die Rede,[108] so dass hier lediglich der interdisziplinäre Aspekt zu ergänzen ist: Der Verfassungstheorie kommt, wie soeben ausgeführt, unter den verfassungsnormwissenschaftlichen Disziplinen in herausgehobener Weise die – interdisziplinäre – Kontaktpflege zu nicht-juridischen, aber gleichwohl verfassungsbezogen arbeitenden Disziplinen zu.[109]

Dieser Kontakt ist keineswegs einseitig auf die Bedürfnisse der Verfassungsdogmatik, anders gewendet: auf die Bedürfnisse der anwendungsbezogenen Verfassungsrechtswissenschaft beschränkt. Vielmehr erlaubt die Verfassungstheorie als »Fenster« im geschlossenen Gebäude der Verfassungsdogmatik neben dem Blick von innen nach außen auch einen Blick von außen nach innen:[110] Indem die Verfassungstheorie dem Sinnganzen des geltenden Verfassungsrechts nachspürt, abstrahiert sie nicht nur in erheblichem Maße von der konkreten Regelungstechnik und der legistischen Funktionalität des positiven (Verfassungs-)Rechts, sondern ebenso weitgehend von den konkreten, exklusiv juridischen – nämlich rechtsdogmatischen – Arbeits- und Anwendungstechniken, die nur mehr für den darin ausgebildeten Juristen vollauf verstehbar und handhabbar sind. Auf diese Weise wird sie kommunikativ anschlussfähig für jene

Wissenschaften, die zwar nicht zum Kreis der Rechtswissenschaften gezählt werden, die aber ungeachtet dessen die Verfassung sei es als normatives oder politisches, als soziales oder psychisches, als historisches oder ökonomisches Phänomen zum Gegenstand ihrer disziplinären Reflexion erheben. Man wird sogar noch einen Schritt weiter gehen dürfen: Die Verfassungstheorie prästiert am ehesten jenes wissenschaftliche Reservoir, aus dem man sich bedient, um dem – zwar an der Sache der Verfassung, aber nicht unbedingt am rechtswissenschaftlichen Diskurs darüber – interessierten (Rechts-)Laien Erkenntnisse über Sinn und Zweck der Verfassung zu vermitteln.[111] Überhaupt liegt hier die Stärke der Verfassungstheorie sowohl gegenüber dem nicht-juridischen Verfassungswissenschaftler als auch gegenüber dem verfassungsinteressierten (Wissenschafts-)Laien: denn Verfassungstheorie ermöglicht es dem Nicht-Rechtswissenschaftler, sich über Sinn und Zweck, Warum und Wozu der Verfassung zu orientieren, ohne gleichzeitig das genaue Wie, ohne die ebenso eigentümliche wie komplexe Rechtstechnik durchschauen und betätigen, ohne also das entsprechende Verfügungswissen besitzen und einsetzen zu müssen.[112] Verfassungstheorie nimmt insoweit die Rolle einer fachjuristisch informierten und imprägnierten Verfassungskunde ein, also einer Verfassungskunde von Juristen *auch* für Nicht-Juristen.

IV
Methodologische Kopplungen von Verfassungstheorie und Verfassungsdogmatik

Nachdem Gegenstand der vorhergehenden Überlegungen die Funktionen und Perspektiven waren, die die Verfassungstheorie gerade für die Verfassungsdogmatik erfüllt und bereitstellt, soll in einem weiteren Schritt das Zusammenwirken von Verfassungstheorie und Verfassungsdogmatik unter methodologischen Auspizien unter die Lupe genommen werden. Bevor jedoch der Frage nachgegangen werden kann, an welcher Stelle und auf welche Weise verfassungstheoretische Erkenntnisse in verfassungsdogmatischen Kontexten methodengerecht fruchtbar gemacht werden können (nachfolgend 2.), ist die Vor-Frage zu traktieren, wie man überhaupt Theoreme und Axiome verfassungstheoretischer Provenienz von solchen verfassungsdogmatischer Natur unterscheiden kann.

1. *Zur Unterscheidung verfassungstheoretischer Kategorien von verfassungsdogmatischen*

a) Phänomenologische Ununterscheidbarkeit

Damit kehrt eine Frage wieder, die uns in anderer Gestalt bereits mehrfach beschäftigt, um nicht zu sagen: die uns fortwährend begleitet hat. Nämlich die Frage, ob sich Verfassungsdogmatik und Verfassungstheorie denn wirklich sinnvoll trennen lassen.

Die Zweifel seien noch einmal deutlich formuliert: Mustert man die gängigen Termini und Theoreme der Verfassungstheorie durch – wie etwa, um einige willkürlich herauszugreifen, Verfassung als Rahmenordnung und als Integrationsordnung, demokratische Legitimation und demokratische Legitimität, Staat und Gesellschaft, Volkssouveränität und verfassunggebende Gewalt des Volkes, Repräsentation und öffentliche Meinung, Parteienstaat und Pluralismus, Neutralität und Wehrhaftigkeit, Bundesstaat und Rechtsstaat, Gewaltengliederung und Republik, Verfassung und Gesetz, Freiheit im positiven und Freiheit im negativen Sinne, rechtsstaatliches Verteilungsprinzip und Allgemeinheit des Gesetzes, zweigliedriger und dreigliedriger Bundesstaat, aber auch Verfassungsvoraussetzungen und Verfassungserwartungen –, so wird sich schnell erweisen, dass es – wenn überhaupt! – nur sehr, sehr wenige Kategorien geben dürfte, die per se und exklusiv der Verfassungstheorie zuzuordnen sind. Alle – oder doch fast alle – verfassungstheoretischen Begriffe besitzen demnach ihr verfassungsdogmatisches alter ego. Anders gewendet: Verfassungstheorie und Verfassungsdogmatik »teilen« sich das Gros aller – folglich homonym verwendeten – Begriffe. Ganz im Sinne der Sprachspiel-Theorie *Wittgensteins*[113] lässt sich nur durch Offenlegung der konkreten Verwendungsweise bestimmen, ob ein homonym verwendeter Begriff in seiner verfassungstheoretischen oder aber in seiner verfassungsdogmatischen Gestalt gemeint ist.

Just darin liegt indes die Gefahr der Inbezugnahme verfassungstheoretischer Argumentationen im verfassungsdogmatischen Kontext, dass nämlich nicht ohne weiteres erkennbar – und vielleicht noch nicht einmal reflektiert – ist, ob eine Kategorie als verfassungstheoretische oder aber als autochthon verfassungsdogmatische verwendet wird. Äquivokationsbedingte Konfusionen sind damit vorprogrammiert. An das Beispiel des unterschiedlichen Verfassungsbegriffs von Theorie und Dogmatik mag insofern erinnert werden.[114] Ähnlich verhält es sich etwa, um nur ein einziges weiteres Beispiel anzuführen, mit dem Volksbegriff, wenn bei Argumentationen in dogmatischer

Absicht nicht zwischen dem Volk als dem allem positiven Recht vorausliegenden, daher extrakonstitutionellen Inhaber der verfassunggebenden Gewalt und dem Volk als positivverfassungsrechtlichem, also (intra-) konstitutionellem Legitimationssubjekt im Sinne von Art. 20 Abs. 2 Satz 1 GG unterschieden wird.[115]

Besonders anfällig für das unreflektierte und damit unkontrollierte Hin-und-her-Wechseln zwischen verfassungsdogmatischer und verfassungstheoretischer Kategorie – es ließe sich auch formulieren: besonders anfällig für die Vermengung der verfassungsdogmatischen mit der verfassungstheoretischen Perspektive – ist das Hantieren mit Verfassungsprinzipien,[116] und zwar namentlich dann, wenn die beiden nach ihrem positivrechtlichen Status inkommensurablen Verwendungsweisen in der methodenintegrativ und transdisziplinär gedachten Kategorie eines »Schlüssel-« oder auch »Schleusenbegriffs«[117] zu einer neuen Sinn- und Funktionseinheit zusammengespannt werden.[118]

Ein vergleichbares Konfusionspotenzial weist die Kategorie der Verfassungsvoraussetzung auf, *wenn* unterschiedslos *beides* unter ihr verstanden und unter sie subsumiert wird – nämlich die tatsächlich mitgeregelten und damit positivierten Ausübungsbedingungen und -sicherungen sowie die lediglich im weiteren Sinne als Motiv und Sinnhorizont zu betrachtenden, aber eben nicht vom Positivierungswillen[119] umfassten

Elemente des Auslegungs- und Anwendungskontextes einer Verfassungsbestimmung.[120] Als Beispiel mag der Streit darum dienen, inwiefern die im Grundsatz unstreitige christlich-abendländische Imprägnierung des Rechtsdenkens im Allgemeinen und des deutschen Verfassungsrechtsdenkens im Besonderen auch positivverfassungsrechtlich nachweisbar ist und damit positivrechtliche Steuerungswirkungen entfaltet oder doch lediglich als verfassungstheoretische Erklärungshilfe und Verständniskontext des geltenden verfassungsrechtlichen Arrangements fungiert.[121]

b) Der verfassungsdogmatische Lackmus-Test: Der Positivierungsnachweis

Die Unterscheidung lässt sich denn auch nicht sozusagen phänomenologisch, etwa anhand der Bestimmung der Abstraktionshöhe,[122] durchführen: denn »äußerlich« müssen sich verfassungstheoretische und verfassungsdogmatische Konzepte und Begriffe nicht unterscheiden. Ihr Unterschied liegt vielmehr in der normativen Modalität: Während der Modus der Verfassungsdogmatik der normative Realis ist, ist jener der Verfassungstheorie der normative Potentialis (man wäre geneigt zu formulieren, wenn es ihn gäbe: der normative Idealis). In den Kategorien der deontischen Logik wären die Theoreme, die sowohl eine theoretische wie eine dogmatische Spielart kennen, folglich als das modal indifferente Substrat zu bezeichnen.

Das lässt sich auch anders, einfacher und in Anknüpfung an schon Gesagtes[123] ausdrücken: Verfassungsdogmatische Figuren haben Bestand und Rechtfertigung nur, wenn und soweit sie sich als unverfälschte Darstellungsweise positivrechtlicher Normphänomene ausweisen lassen. Für die normativen Phänomene, die sie zu beschreiben trachten, muss sich der Positivierungsnachweis führen lassen. Dieser markiert mithin den Lackmus-Test verfassungsdogmatischer Figuren, Konzepte und Begriffe: Ohne Positivierungsnachweis keine Verfassungsdogmatik. Und geführt wird dieser Nachweis durch nichts anderes als durch Auslegung der positivrechtlichen (Verfassungs-)Normen, genauer: durch Interpretation der im Verlaufe des Normerzeugungsprozesses entstandenen Indizien wie Wortlaut, Materialien und dergleichen mehr.[124] Um nur ein einziges Beispiel aufzugreifen: Wer behauptet, die Unterscheidung von Regeln und Prinzipien steuere sub specie der Dogmatik[125] Wirkkraft und Kollisionsverhalten der Grundrechte,[126] der ist gehalten, entsprechende positivrechtliche Strukturanlagen der Grundrechte nachzuweisen; mit einer – grundrechtstheoretisch noch so plausiblen – Behauptung ist es grundrechtsdogmatisch nicht getan. Verfassungstheoretische Virtualität plus Plausibilität machen eben nicht schon per se verfassungsdogmatische – hier wäre an sich genauer zu formulieren: verfassungs*rechtliche* – Realität, d.h. Positivität aus.

Indes lässt sich anhand des Positivierungstests die Abschichtung von Verfassungsdogmatik und Verfassungstheorie grundsätzlich nur einseitig, nämlich von der Dogmatik her vollziehen: Denn aus dem Umstand, dass ein verfassungsrechtswissenschaftliches Deutungsschema sich einem Satz des positiven Rechts zuordnen und damit als tragfähiges Erklärungsmuster der Verfassungs*dogmatik* ausweisen lässt, folgt keineswegs eo ipso, dass das in Rede stehende Deutungsschema damit aufhören müsste, Element der Verfassungstheorie zu sein. Der Positivierungsnachweis, der als notwendige Bedingung für die Bildung einer verfassungsdogmatischen Kategorie ausgemacht worden ist, ist eben weder in positiver noch in negativer Hinsicht Voraussetzung dafür, ein Theorem als verfassungs*theorie*fähig anzusehen.

Es würde jedoch deutlich über das Ziel hinausschießen, daraus den Schluss zu ziehen, dass die – gegebene oder auch fehlende – Positivierung eines Verfassungsrechtssatzes für die Theoriebildung gänzlich irrelevant wäre. Und dies aus mindestens zwei Gründen, deren erster dem Fall *fehlender* und deren zweiter dem Fall *gegebener* Positivierung gelten: So käme es für eine Verfassungstheorie, die sich die Beschreibung und

Deutung der Bewegungsgesetze einer konkreten, real (= positivrechtlich) existierenden Verfassung auf die Fahnen geschrieben hat,[127] einem Dementi durch ebendiese Verfassung gleich, ließe sich durch Auslegung derselben nachweisen, dass eine bestimmte Theorieannahme nicht nur keine Positivierung erfahren hat, sondern just eine alternative, dem betreffenden Theorieansatz inkompatible Lösung vom positiven Verfassungsrecht favorisiert worden ist. Das von der Verfassungstheorie unterbreitete Beschreibungs- und Deutungsangebot ginge in diesem Falle schlicht an der zu beschreibenden und zu deutenden normativen Realität vorbei, verfehlte also das selbstgesteckte Ziel. Auch in der zweiten, gleichsam inversen Konstellation, in der zu der verfassungstheoretischen Kategorie – in Folge einer entsprechenden Positivierung – eine sinnidentische verfassungsdogmatische Kategorie hinzutritt, bleibt die Positivierung nicht ohne Rückwirkung auf die Verfassungstheorie: Denn in dem Umfange, in dem die Verfassung ihre eigenen Annahmen und Voraussetzungen, Erwartungen und Bewegungsgesetze positiviert, vermag bereits die Verfassungsdogmatik die Erklärungsleistung zu erbringen, die andernfalls, d.i. im Falle der Nichtpositivierung, allein der Verfassungstheorie obliegt. Mit anderen Worten: In dieser Konstellation braucht es neben der Verfassungsdogmatik nicht mehr des Rückgriffs auf die Verfassungstheorie – notabene: in ihrer Erklärungsfunktion.[128] Das verfassungstheoretische Erklärungs- und Deutungsangebot ginge hier zwar nicht an der Sache (des positiven Verfassungsrechts), aber doch am Bedarf vorbei. – Das Verhältnis von Positivierung und Theoriebildung in puncto Verfassungssatz lässt sich folglich dahingehend zusammenfassen, dass die Positivierung eines Begriffs oder Konzepts zwar nicht pari passu dessen verfassungstheoretisches Wesen, wohl aber dessen verfassungstheoretischen (Gebrauchs-)Wert in Frage zu stellen imstande ist.

Wenn oben formuliert worden ist, dass sich eine Abschichtung verfassungsdogmatischer von verfassungstheoretischen Kategorien nur einseitig von der Dogmatik her vornehmen lässt, so ist das indes eine bloß statistische Regel, die – gewiss seltene – Ausnahmen kennt. Die Reichweite der Regel deckt sich mit der Reichweite der Positivierungsfähigkeit. Da im Grundsatze jeder Norminhalt in eine Norm des positiven Rechts umgewandelt werden kann, kann, wiederum: im Grundsatze, für jeden Norminhalt die Positivierungsfähigkeit bejaht werden. Wenn respektive soweit indes normative – oder vorsichtiger: normativ relevante – Inhalte einer Positivierung ausnahmsweise nicht zugänglich sind, bilden sie auch nicht den Gegenstand einer auf die räsonierende Beschreibung des positiven (Verfassungs-)Rechts bezogenen (Verfassungs-)Dogmatik, sondern haben allenfalls Platz in der nicht auf den Kreis positivierter Normen beschränkten (Verfassungs-)Theorie.

Das wohl prominenteste Beispiel eines derartigen, *nicht positivierbaren* Norminhalts bilden Konstrukt und Konzept der verfassunggebenden Gewalt. Der pouvoir constituant entzieht sich als die verfassende, ihrerseits aber nicht verfasste und als die rechtsgeltungsbegründende, ihrerseits aber in ihrem Geltungsanspruch nicht durch Recht begründete und auch nicht begründbare Kraft per definitionem rechtlicher Positivierung. Mag der norma normarum auch die (Rechts-)Macht zugeschrieben werden, den letzten Geltungsgrund des positiven (Verfassungs-)Rechts zu legen, so ist sie doch selbst kein Phänomen des positiven (Verfassungs-) Rechts, keine rechtlich fundierte und limitierte Rechtserzeugungskompetenz, keine norma normata.[129] Das aber bedeutet: Während in der Verfassungstheorie eine Auseinandersetzung über Erklärungswert und Berechtigung der Lehre von der verfassunggebenden Gewalt (namentlich des Volkes) ihren legitimen, ja notwendigen Platz hat,[130] hat die verfassunggebende Gewalt des Volkes in (verfassungs)dogmatischen Kontexten – sieht man einmal von einer bloß allusiven Inbezugnahme colorandi causa, einer »semantischen Reminiszenz«[131] ab[132] – schlichtweg nichts zu suchen: mit ihr lässt sich kein positivrechtliches Verbot oder

Gebot, keine positivrechtliche Erlaubnis oder Ermächtigung begründen oder widerlegen. Jeder Versuch, »die verfassunggebende Gewalt des Volkes« als ein rechtliche Relevanz beanspruchendes, verfassungs*dogmatisches* Argument zu instrumentalisieren, sieht sich dem Vorwurf ausgesetzt, mit extrakonstitutionellen Ideologemen und Mythologemen zu operieren, wo ein »schlichter« Positivierungsnachweis gefordert – aber in concreto eben nicht zu erbringen – ist.

Zu den nicht positivierbaren, aber gleichwohl normrelevanten Faktoren zählen in gewisser Weise auch die Verfassungsvoraussetzungen und die Verfassungserwartungen.[133] Wenn auch jede einzelne Voraussetzung und Erwartung für sich genommen und in hypothesi zu einem Satz des positiven Rechts erhoben werden kann, so darf daraus doch nicht gefolgert werden, dass sie in toto positivierbar wären. Denn *jede* Voraussetzung und *jede* Erwartung gründet ihrerseits auf einer – weiteren – Voraussetzung und Erwartung, so dass der Verrechtlichungsprozess bereits aus strukturlogischen Gründen niemals zu einem Ende, niemals zu einer vollständigen Voraussetzungs- und Erwartungs-Positivierung gelangen könnte. Eine Rechtsnorm auf der Mikro- wie eine Rechtsordnung auf der Makroebene können ebenso wenig wie etwa die Sprache alle für ihr Verständnis notwendigen Bedingungen selbst beinhalten.

c) Der Konnex von Verfassungsmethodik, Verfassungsdogmatik und Verfassungstheorie

Der Hinweis auf den Positivierungsnachweis macht unmissverständlich deutlich, dass die Unterscheidung von Theorie und Dogmatik der Verfassung am Verständnis von (Verfassungs-)*Interpretation* hängt. Die oben formulierte Gleichung »Wie die Verfassungsdogmatik, so die Verfassungstheorie« lässt sich daher zum Dreisatz erweitern: Wie die Verfassungsinterpretation, so die Verfassungsdogmatik, so die Verfassungstheorie.[134] Ohne dass Verständnis und Eigenart der Verfassungsinterpretation als der auf das Verfassungsrecht ausgerichteten Rechtserkenntnislehre einbezogen werden, lässt sich die Frage des Verhältnisses von Verfassungsdogmatik und Verfassungstheorie nicht ernsthaft einer Antwort zuführen. An sich wären daher eingehendere Überlegungen zur Verfassungsinterpretation angezeigt. Das kann im gegebenen Rahmen indes nicht geleistet werden, dürfte aber umso eher verschmerzbar sein, als hier auf frühere Arbeiten verwiesen werden kann.[135]

Mit zwei Bemerkungen muss es hier sein Bewenden haben: Erstens entfalten Unterscheidung und Bezogenheit von Verfassungstheorie und Verfassungsdogmatik ihr größtes Sinnpotenzial, wenn sie auf der Folie eines subjektiv-historischen Interpretationsverständnisses erfolgen – das heißt auf der Folie eines Verständnisses, wonach der Normbefehl nichts anderes ist als der Ausdruck des realiter betätigten Normsetzerwillens. Denn bei diesem »realistischen« Verständnis von Rechtsnorm und Rechtsnormerkenntnis wird dem Kriterium der Positivität – und damit *dem* Unterscheidungsmerkmal von Verfassungsdogmatik und Verfassungstheorie – am nachhaltigsten, umfassendsten und unverfälschtesten Rechnung getragen.[136]

Das erklärt zugleich, zweitens, dass für eine Unterscheidung von Theorie und Dogmatik, ja überhaupt für die Existenzberechtigung einer disziplinär verselbständigten Theorie desto weniger Raum oder doch zumindest Bedarf bleibt, je deutlicher die Absage an die – in eine dynamische Rechtsbetrachtung integrierte – subjektiv-historische Auslegungslehre ausfällt. So besteht für spezifisch verfassungs*theoretisches* Räsonnement an sich kein Bedürfnis, wenn Ziel der Auslegung nicht der tatsächlich betätigte Normsetzerwillen ist, sondern der Wille eines »objektivierten« Normsetzers oder gar der Wille »der Norm« selbst.[137] Denn wenn, dem articulus stantis et cadentis der sogenannten objektiven Auslegungslehre entsprechend, die Norm – ob als Gesetz oder Verfassung – klüger sein kann als der Normsetzer – also als der Gesetzgeber oder der Verfassung(sgesetz)geber –, existieren keinerlei methodisch belastbaren Barrieren, die einer schrankenlosen Teleologisierung des Rechts mittels Interpretation wehren könnten. Ordinatio constitutionis und ratio constitutionis lassen sich dann nicht mehr verlässlich unterscheiden. Verfassungserkenntnis und Verfassungserzeugung, lex lata und lex ferenda sind dann nicht mehr kategorial verschieden. Und Verfassungsdogmatik ist folgeweise so allmächtig und so entfesselt, dass sie nicht eine von ihr verschiedene Verfassungstheorie braucht, um auf das Sinnganze und »die« Wirklichkeit gleichermaßen auszugreifen. Kaum größer ist der Bedarf nach eigenständiger Verfassungstheorie, wenn der aus Rechtserkenntnis und Rechtserzeugung sich zusammensetzende Akt der Rechtsgewinnung mit dem diese Unterscheidung nivellierenden Konzept der »Konkretisierung« gedeutet wird;[138] denn auch dann wird der Positivität des Rechts und mit ihr der positivrechtlich verfügten Ordnung der Rechtserzeugungskompetenzen nicht der ihnen gebührende Platz eingeräumt, büßt der Positivierungsnachweis seine differenzbegründende Bedeutung ein.

d) Das System der Theorie und das System der Dogmatik

Ludwig Wittgenstein charakterisiert in seinen »Philosophischen Untersuchungen« die Philosophie als »Kampf gegen die Verhexung unsres Verstandes durch die Mittel unserer Sprache.«[139] Wie schmal der Grat zwischen verfassungsdogmatischem und verfassungstheoretischem Räsonnement und wie groß folglich die Gefahr der Konfusion beider ist, habe ich am Beispiel des Verfassungsbegriffs aufzuweisen mich bemüht. Es ließen sich zahllose andere Beispiele benennen. Ich will hier nur ein weiteres Exempel anführen, welches die Dramatik vielleicht am nachdrücklichsten belegt:

Es geht um das Denken im System respektive vom System her. In einem ersten Zugriff gilt für beide, die Verfassungsdogmatik wie die Verfassungstheorie: sie sind systematisch oder sie sind nicht. Beide sind schon um ihrer Wissenschaftlichkeit willen auf innere Widerspruchsfreiheit, Folgerichtigkeit und Vollständigkeit hin angelegt. Doch das System der Dogmatik hat einen anderen Bezugspunkt als jenes der Theorie. Während letzteres zumindest in gewissem Sinne Selbstand und Eigenwert genießt, ist ersteres ein – vom positiven Recht – durch und durch abhängiges System, ein System also, dessen Wesen und Wert sich ausschließlich nach der Ausrichtung am positiven Recht bestimmt. Das dogmatische System trägt nur so weit wie die positivrechtlichen Sätze, die es in ihrer Ordnung zueinander darzustellen trachtet. Pointiert: Während die Dogmatik sich den System-Kapricen und System-Kapriolen des realen Normsetzers beugen muss – auctoritas non scientia facit systema! –,[140] ist die Theorie von derlei Bindungen, um nicht zu sagen: Behinderungen frei. Hier ist es zunächst[141] Sache der ratio, der sapientia oder auch der scientia, das System zu erschaffen.[142] Hier zählt nur das bessere Argument, nicht die höhere kompetenzielle Autorität. Was im Lichte des verfassungstheoretischen Systems eine Sünde wider die innere Konsequenz sein mag, kann im verfassungsdogmatischen System Ausdruck des Respekts vor der Entscheidung des um Kompromisse ringenden Verfassungsgesetzgebers sein. Entsprechendes gilt vice versa. Positivverfassungsrechtliche und, akzessorisch dazu, verfassungsdogmatische Kontingenz auf der einen und verfassungstheoretische Konsistenz auf der anderen Seite fallen eben nicht selten auseinander. Das kann nicht verwundern, hält man sich nur bewusst, dass die zwei Systeme unterschiedlichen Rationalitäten und Gesetzlichkeiten folgen.

Der Satz von der größeren Klugheit, der, bezogen auf das Verhältnis von Gesetz und Gesetzgeber, die Eigengesetzlichkeit des Rechts missachtet,[143] hat hier durchaus seine Berechtigung: Denn die Verfassungstheorie kann sehr wohl und wird auch nicht selten klüger – im Sinne von gerechter und überzeugender, in sich geschlossener und passender – sein als das geltende, unter Kompromisszwängen und Dilettantismus, sozio-ökonomischem Druck und parteipolitischem Kalkül erzeugte Verfassungsrecht und »dessen«

Dogmatik. Doch kann – tatsächlich oder vermeintlich – höhere Einsicht, bei Verzicht auf metaphysische Spekulation und erst recht in einem freiheitlich-demokratisch radizierten Rechtssystem, Geltung und Inhalt des allzumenschlichen (Verfassungs-)Rechts nicht außerhalb der just von diesem Recht vorgesehenen Verfahren in Frage stellen.

2. Die Rolle der Verfassungstheorie im Prozess der Rechtsgewinnung

Damit also zu der Frage, wie die Erkenntnisse der Verfassungstheorie, einer Beobachterdisziplin, in die Operationen der Verfassungsdogmatik, einer Teilnehmerdisziplin, Eingang finden können. Zweierlei haben wir diesbezüglich bereits herausgearbeitet, nämlich dass die Dogmatik zum einen der Theorie in vielfältiger Hinsicht bedarf und dass die Dogmatik zum anderen selbstreferentiell operiert.[144] Wie also gelangen verfassungstheoretische Erkenntnisse in methodisch vertretbarer Weise »in« die Verfassungsdogmatik?

Die Antwort führt, handelt es sich bei der Dogmatik doch um die Rechtsanwendungsdisziplin par excellence, über die Einsicht in die Struktur der Rechtsanwendung respektive Rechtsgewinnung.[145] Diese aber setzt sich, vernachlässigt man die Erhebung und Würdigung des Tatsachenmaterials, aus zwei

Komponenten zusammen: der Rechts*erkenntnis* und der Rechts*erzeugung*. Wer Recht anwendet, erzeugt – neues, erst noch in Geltung zu setzendes – Recht auf der Grundlage erkannten – und bereits in Geltung gesetzten – Rechts. Aus der Sicht des Rechtsanwenders mag man formulieren: Rechtsanwendung besteht aus einer *fremd*programmierten und einer *selbst*programmierten Erzeugungskomponente.[146] Die Dogmatik im hier entwickelten Verständnis sammelt, sichtet und ordnet die Auslegungsergebnisse, bezieht sich mithin auf die Erkenntnis der normativen Fremdprogrammierung durch die anzuwendende Norm.

Will man, wie das wohl üblich ist, von Dogmatik auch sprechen in Bezug auf die Selbstprogrammierungskomponente, so muss man sich im Klaren darüber sein, dass diese Rechtserzeugungs- oder auch Selbstprogrammierungsdogmatik ganz anderen Gesetzlichkeiten folgt als die Rechtserkenntnis- oder Fremdprogrammierungsdogmatik. Entsprechend unterschiedlich gestalten sich Rolle und Funktion der Verfassungstheorie.[147]

a) Die Rolle im Rechtserkenntnisprozess: »Verfassungsvorverständnis-Lehre«

Verfassungstheoretische Erkenntnisse haben ihre unverzichtbare Aufgabe im Prozess der Verfassungsauslegung.[148] Diese besteht aber weder darin, dem Auslegungsvorgang ein verbindliches Ziel zu setzen,[149] noch darin, ihm verbindliche Regeln vorzugeben.[150] Prästieren sie auch nicht Auslegungsziel und stellen sie auch nicht Auslegungsregeln dar, so fungieren sie doch als – unverbindliche, bewährungspflichtige und falsifizierbare – *Auslegungshypothesen.* Als materiale Regelhaftigkeitshypothesen können sie »Auslegungshilfe« sein, niemals aber selbst Auslegungsregel. Auch zu deren Bildung und Formulierung können sie, zumindest unmittelbar, nichts beisteuern.

Unter methodologischen Gesichtspunkten kommt ihnen der Stellenwert zu, der in der klassischen Hermeneutik dem – zwar unverzichtbaren, aber aus sich heraus eben unverbindlichen – »applikativen Vorverständnis«[151] zugewiesen wird, das Bedingung, aber nicht Methode der (Rechts-)Erkenntnis ist. Die jeweilige Verfassungstheorie markiert im Rahmen der Verfassungsauslegung das *verfassungseigentümliche Vorverständnis,*[152] vorsichtiger formuliert: sie zielt auf die Verwissenschaftlichung des Vorverständnisses. In dieser Funktion wirkt die Verfassungstheorie primär im Entdeckungszusammenhang – als Einstiegshilfe in den »Anwendungszirkel einer dogmatischen Interpretation«[153]. Dagegen kommt ihr keine oder doch nur nachrangige Bedeutung im Begründungszusammenhang zu. Ihre interpretationsmäeutischen Dienste entfaltet die Verfassungstheorie namentlich im Rahmen dessen, was herkömmlicherweise unter systematischer und teleologischer Auslegung verstanden wird.

Auf eine plakative, die Wechselwirkungen von Verfassungsinterpretation und Verfassungsdogmatik vernachlässigende Doppel-Formel gebracht: »Vor« der Ermittlung des Inhalts von Verfassungsbestimmungen – also für den Vorgang der Verfassungsauslegung – spielen verfassungstheoretische Erwägungen die Rolle von Vor-Urteilen, von materialen Auslegungshypothesen. »Nach« Erhebung – also zum Zwecke der verfassungsdogmatischen Sichtung, Ordnung und Aufbereitung – der Auslegungserkenntnisse fungieren sie als sogenannte Basissätze, d.h. als vor die Klammer gezogene systemprägende Allgemeinsätze, als Regelhaftigkeitshypothesen. In dem Maße, in dem sowohl der Verfassungsinterpret als auch der Verfassungsdogmatiker sich des hypothetischen und daher nicht-kategorischen Charakters seines verfassungstheoretischen Hilfsmittels bewusst ist, wird es ihm möglich, immer feinere, konzisere und stabilere Auslegungshypothesen zu entwickeln, die dann ihrerseits der Verfassungsinterpretation wie der Verfassungsdogmatik verlässlichere, d.h. gegenstandsadäquatere Leit- und Orientierungsdienste zu leisten vermögen.[154]

b) Die Rolle im Rechtserzeugungsprozess: »Wissenschaftliche Verfassungsrechtspolitik«

Kommt der Verfassungstheorie im Rahmen der auf den *Erkenntnis*anteil bezogenen Dogmatik die Rolle einer Entdeckungs-, Verständnis- und Darstellungshilfe zu, so fungiert sie im Rahmen der auf den eigentlichen *Erzeugungs*anteil bezogenen »Dogmatik« als Herstellungshilfe. Hier nimmt sie den Platz einer mit dem Anspruch auf Wissenschaftlichkeit betriebenen (Verfassungs-)Rechtspolitik ein. Jenseits der Frage der Verfassungsmäßigkeit, die ja eine solche der positivrechtlichen *Fremd*programmierung darstellt, vermag sie dem zur Rechtserzeugung Berufenen Orientierung zu geben, in welcher Weise er seine *Selbst*programmierungsmacht ausüben sollte, um dem »Geist der Verfassung« – oder, wer es weniger geisterbeschwörend und technischer mag: um der metapositiven »Suprastruktur« der Verfassung – am nachhaltigsten zu entsprechen. Diese rechtspolitische Leitfunktion der Verfassungstheorie ist zwar, um dies zu wiederholen, nicht von positivrechtlicher Dignität, aber doch für den und in dem Prozess der Verfassunggebung und Verfassungskonkretisierung keineswegs zu unterschätzen.

Freilich darf nicht übersehen werden, dass der praktisch-politische Einsatz verfassungstheoretischer

Konzepte nachgerade zwangsläufig Rückwirkungen hat auf den Theoriegehalt derselben. Denn wer sich in den Dienst und unter die Gesetze der Praxis stellt, mutiert schnell »from scholar to actor«[155] und muss im rechtspraktischen Diskurs anschlussfähig sein, riskiert damit aber just den Charakter der Verfassungstheorie als von Anwendungsbezügen und Anwendungszwängen freier Grundlagendisziplin. Das Verständnis der Verfassungstheorie als wissenschaftlicher Verfassungsrechtspolitik ist infolgedessen ein labiles, die eigentliche Pointe der Verfassungstheorie stets gefährdendes Konzept.

c) Annex: Das Ideal der »verfassungsgemäßen Verfassungstheorie«

Unter den vorgenannten Kautelen ist dem Satz, der Verfassungstheorie komme die »Funktion einer normativen Leitidee«[156] im Prozess der Gewinnung, d.h. Erkenntnis wie Erzeugung von Verfassungsrecht zu, beizupflichten. Indes, das sei nochmals eigens unterstrichen, darf hier (wie anderswo) Normativität nicht rundweg mit Positivität gleichgesetzt, darf nicht bloßes Sollen schon als Rechtsgeltung ausgegeben werden. Denn weder in Bezug auf das erste (Verfassungsrechtserkenntnis) noch in Bezug auf das zweite Verständnis (Verfassungsrechtserzeugung) von

Verfassungsrechtsgewinnung besitzen verfassungstheoretische Kategorien den Status positivrechtlicher Vorgaben.

Auch die Idee oder vielleicht besser: das Ideal einer »verbindlichen«, weil »verfassungsgemäßen Verfassungstheorie«[157] ist kritisch zu betrachten. Selbst die in diesem Kontext gemachte selbstkritische Einschränkung, dass eine verbindliche Verfassungstheorie »nur möglich [ist] als in der Verfassung ausdrücklich oder implizit enthaltene Verfassungstheorie, die aus Verfassungstext und Verfassungsentstehung mit rationalen Erkenntnismitteln erhebbar ist«, vermindert nicht die Vorbehalte, sondern verstärkt sie. Denn welches sollen die »rationalen Erkenntnismittel« sein, wenn nicht die regulären der Verfassungsauslegung? Wenn es aber diese sind: Wie kann Verfassungsauslegung zum Zwecke der Erhebung der »verbindlichen Verfassungstheorie« Erfolg versprechen, erfährt erstere definitionsgemäß ihre »normative Leitidee« und ihren »Interpretationsrahmen«[158] doch erst aus letzterer? Der *logische* Zirkel schließt sich. Nur innerhalb des *hermeneutischen* Zirkels lässt sich die im Konzept einer »verfassungsgemäßen Verfassungstheorie« angelegte Rekursivitätsschleife fruchtbar machen: Die verfassungstheoretischen Annahmen müssen als verfassungsgerichtete Verständnishypothesen in ihrer Falsifizierbarkeit ernst genommen werden, müssen also auf Theorie-widrige und damit Theorie-irritierende Setzungen des positiven Verfassungsrechts durch Anpassung der Theorie reagieren. In *diesem* Sinne mag man dann von einer »verfassungs*gemäßen* Verfassungstheorie« reden; verfassungs*rangig* wird sie aber auch unter diesem Aspekt nicht.

V
Verfassungstheorie – ein deutscher Sonderweg?

Bezieht die Verfassungstheorie in ihren Inhalten und ihrer Arbeitsweise wesentliche Inspiration aus dem Verfassungsvergleich,[159] so liegt die Frage nahe, ob die Verfassungstheorie als juridische Disziplin, d.h. in ihrem disziplinären (Selbst-)Verständnis und Stellenwert, ihrer wissenschaftlichen Bedeutung und Funktion nach, wie die Allgemeine Staatslehre eher einen deutschen Sonderweg markiert[160] oder aber ihr disziplinäres Pendant in den Verfassungsrechtswissenschaften anderer Rechtsordnungen findet. Um die Antwort vorwegzunehmen: Soweit es das Format »Verfassungstheorie« betrifft, kann von einer deutschen Erfindung gewiss nicht die Rede sein. Soweit hingegen der Fokus auf die konkrete Ausrichtung und den konkreten Stellen- wie Gebrauchswert der Verfassungstheorie gerichtet wird, weist der deutsch(sprachig)e Weg[161] einige Besonderheiten und Eigentümlichkeiten auf.

1. *Einige spezifische Inkubationsbedingungen*

Das in der deutschsprachigen Jurisprudenz vorhandene Verständnis von Verfassungstheorie dürfte sich gewiss am überzeugendsten dadurch erklären lassen, dass man dessen Entwicklungsgeschichte nachzeichnete. Doch liefe eine derartige historische Kontextualisierung Gefahr, mit der Kontingenz der disziplinären Geschichte die – ganz wertfrei gemeinte – Einmaligkeit und damit Unvergleichbarkeit des deutschen Weges in den Vordergrund zu rücken. Für einen Vergleich wäre mit der Betonung, dass Geschichte unwiederholbar und im Letzten unvergleichbar ist, jedoch zunächst wenig gewonnen. Umgekehrt hindert diese Einsicht nicht, einige allgemeinere Faktoren zu identifizieren, die gleichsam zu den Inkubationsbedingungen des in Deutschland gewachsenen Verständnisses von Verfassungstheorie zählen.

Ohne Anspruch auf Vollständigkeit, erst recht ohne jegliche Behauptung von Zwangsläufigkeiten und Monokausalitäten seien drei besonders bedeutsame Faktoren herausgegriffen: Es sind dies das Verständnis der praxiszugewandten Verfassungsrechtswissenschaft als Verfassungsdogmatik, die Justitiabilität von Verfassungsrecht und schließlich die äußere wie innere Geschlossenheit der Verfassung.

Das etwa in den Vereinigten Staaten oder in Großbritannien nicht geteilte Konzept von Dogmatik in seiner Mischung von Praxisorientierung und Systemdenken löst einen spezifischen Theoriebedarf innerhalb der Jurisprudenz aus.[162] Dieser steht nicht zuletzt in Abhängigkeit von der »Juridifizierung«, genauer vielleicht: von der Justitiabilität des Verfassungsrechts, d.h. davon, in welchem Umfange ein Verfassungsgericht für die Auslegung und Durchsetzung des Verfassungsrechts zur Verfügung steht und damit zugleich Inhalt, Ausrichtung und Duktus der wissenschaftlich betriebenen Verfassungsdogmatik (mit)bestimmt. Schließlich spielt die formale und materiale Geschlossenheit des Verfassungsrechts – man mag *insofern* von »Einheit der Verfassung« sprechen – eine nicht zu unterschätzende Rolle: Eine homogene Textgestalt und ein überschaubarer (Text-)Umfang sowie die relative Stabilität und Unverfügbarkeit von Verfassungsrecht in den tagespolitischen Auseinandersetzungen haben sich als theoriegünstig erwiesen. Je weniger Verfassungsnormen in je schlankerer Textfassung in einer einzigen Verfassungsurkunde versammelt sind, desto eher stellen sich Bedarf nach und Plausibilität einer übergreifenden Theorie ein, desto eher lassen sich die zentralen Bewegungsgesetze »der Verfassung« benennen.

In der Grammatik der Ausdifferenzierung lassen sich die genannten Gründe – mit gehöriger Zuspitzung – als gegenläufige formulieren: Das gerade in Deutschland anzutreffende Verständnis von Verfassungstheorie findet desto fruchtbareren Boden, je ausdifferenzierter auf der einen Seite die Wissenschaften vom positiven Verfassungsrecht sind und je weniger ausdifferenziert auf der anderen Seite das positive Verfassungsrecht selbst ist.

2. *Verfassungstheorie in den Vereinigten Staaten, Großbritannien, Frankreich und Österreich*

Das Vorstehende mag in gedrängter Kürze an vier Beispielsrechtsordnungen überprüft werden, deren drei eine von der deutschen Rechtskultur und -tradition in wesentlichen Punkten unabhängige Entwicklung genommen haben – nämlich die Rechtsordnungen der Vereinigten Staaten von Amerika, Großbritanniens und Frankreichs – und deren vierte als Nachbarland Deutschlands nicht nur die Sprache und den Großteil des historisch-kulturellen Erbes teilt – nämlich die Rechtsordnung Österreichs.

a) Die Vereinigten Staaten von Amerika

Die USA dürfen als das Land gelten, in dem die »Constitutional Theory« als selbständige Disziplin ihre tiefsten, ältesten und am weitesten verzweigten Wurzeln besitzt.[163] Man übertreibt kaum, die »Federalist Papers«[164] als den verfassungstheoretischen Klassiker schlechthin zu bezeichnen. Die U.S.-Bundesverfassung ist nachgerade der Prototyp einer rigiden[165] Verfassung im formellen Sinne, die als zwar nicht umfassendes, aber doch in sich geschlossenes Konzept begriffen werden kann.[166]

Wenn die U.S.-amerikanische Constitutional Theory und die deutsche Verfassungstheorie gleichwohl in puncto Selbstverständnis, Problemzugriff und Stellenwert für die verfassungsrechtswissenschaftliche Gebrauchsdisziplin deutliche Unterschiede aufweisen, so liegt das zu erheblichen Teilen daran, dass die U.S.-amerikanische Verfassungsrechtswissenschaft als Folge des case law-Denkens die praktischen und die theoretischen Aspekte der Jurisprudenz stärker isoliert, als das die systemorientiert – um nicht system*fixiert* zu sagen – arbeitende deutsche Verfassungsrechtswissenschaft in Gestalt der Dogmatik tut.[167] Mit einiger Vergröberung lässt sich formulieren, dass der ganz der Analyse und der Kommentierung der Judikate des U.S.-Supreme Court gewidmete, die Besonderheiten des – jeweiligen – Falles stark betonende und strikt geltendrechtliche, teilnehmerorientierte Praxisdiskurs, die »Constitutional *Law*« genannte Disziplin, und der von den juristischen Details des Fallrechtsdenkens ferne, von den Bindungen des geltenden Rechts befreite, stark gesellschaftspolitisch und sozialphilosophisch imprägnierte und beobachterorientierte Theoriediskurs, »Constitutional *Theory*« genannt, nur geringen Bezug aufeinander aufweisen und im Wesentlichen voneinander unabhängig geführt werden.[168]

Die gegenüber der deutschen Verfassungstheorie größere Selbständigkeit und Unabhängigkeit der Constitutional Theory erkauft diese, zumindest tendenziell, um den Preis geringerer Juridizität, d.h. eines nicht selten geringeren Gehaltes an spezifisch Rechtswissenschaftlichem; umgekehrt steht sie dafür in größerer Nähe zu – und damit in größerem Austausch mit – der Politischen Theorie und der Politischen Philosophie. Nicht selten wird unter dem Einheits-Label der Demokratietheorie alles drei gleichzeitig betrieben.

b) Großbritannien

Ganz anders war herkömmlich und ist nach wie vor zu guten Teilen die Situation in Großbritannien. Hier fehlt es bereits an einer Verfassung im U.S.-amerikanisch-kontinentaleuropäischen Sinne, was im Zusammenwirken mit der Fallrechtsorientierung die Ausbildung einer Verfassungsdogmatik im deutschen Verständnis verhindert hat.[169] Unbeschadet dieser Ausgangslage ist doch unübersehbar, dass sich – als Folge und Ausdruck der Europäisierung und damit »Kontinentalisierung« des britischen Rechts(verständnisses), insbesondere mit dem 2000 in Kraft getretenen Human Rights Act 1998[170] – nicht nur die positivverfassungsrechtliche Lage in dramatischer Weise zu ändern beginnt, sondern dass in den letzten knapp zwei Jahrzehnten ein Diskurs über Idee und Konzept des Öffentlichen Rechts[171] und, damit im Zusammenhang, einer Theorie des Öffentlichen Rechts und schließlich einer Theorie der Verfassung eingesetzt hat, der freilich noch keineswegs eine auch nur halbwegs etablierte Constitutional Theory hervorgebracht hat.[172] Im Zentrum der Aufmerksamkeit steht, dem Wandel von Inhalt und insbesondere Gestalt des positiven Verfassungsrechts entsprechend, der mit Recht als eine Bedrohung des Grundaxioms britischen Verfassungsdenkens, der »Parliamentary Sovereignty«, empfunden wird, die »Constitutional Reform«.[173]

c) Frankreich

Die Verfassungsrechtswissenschaft in Frankreich hat unter den Verfassungen der IV. und V. Republik[174] die verfassungsrechtlichen Bindungen zunächst – insbesondere mangels praktischer Justitiabilität – überwiegend eher im Sinne eines codes of conduct denn im Sinne harter rechtlicher, sanktionsbewährter Regeln behandelt. Politikwissenschaftliche und im spezifischen Sinne verfassungsrechtswissenschaftliche Analysen ließen sich in der Nachkriegszeit bisweilen kaum trennen.[175] Beredter Ausdruck dieser disziplinären Mischlage war – und ist noch teilweise –,[176] dass Hand- und Lehrbücher des Verfassungsrechts neben dem »Droit constitutionnel« gleichberechtigt auch die »Institutions politiques« im Namen führ(t)en.[177] Eine der deutschen Verfassungsdogmatik in ihrem disziplinären Ausdifferenzierungsgrad, ihrer systematischen Geschlossenheit und in ihrer Konzentration auf die Auslegung und Anwendung geltenden Verfassungsrechts vergleichbare Wissenschaft vom Verfassungsrecht hat es lange Zeit in Frankreich nicht gegeben.

Doch mit dem seit 1971 selbstbewusster werdenden Kontrollzugriff des Conseil constitutionnel und mit der in den Achtziger Jahren des 20. Jahrhunderts wachsenden Emanzipation der Verfassungsrechtslehre von der Politikwissenschaft[178] setzt ein sich beschleunigender Wandel hin zu einer substanzielleren und methodenbewussteren Verfassungsrechtswissenschaft ein.[179] Eine disziplinär verselbständigte Verfassungs*theorie* kennt die französische Verfassungsrechtswissenschaft – noch – nicht, wenngleich sich allmählich auch hier, nicht zuletzt unter dem Eindruck der deutschen Staatsrechtslehre, ein Sinn für und ein Bemühen um die Abschichtung verfassungsdogmatischer und verfassungstheoretischer (sowie verfassungspolitischer) Argumentationen zeigt.

d) Österreich

Wiewohl sich, was das disziplinäre Verständnis der Verfassungsrechtswissenschaft, selbst der Verfassungsdogmatik im engeren Sinne betrifft, zwischen Deutschland und Österreich keinerlei relevante Unterschiede zeigen, spielt doch die Verfassungstheorie auch und gerade in verfassungsdogmatischen Kontexten in Österreich eine geringere Rolle als im größeren Nachbarland. Diese Diskrepanz dürfte, jenseits nicht zu vernachlässigender Mentalitätsunterschiede,[180] namentlich der unterschiedlichen Gestalt und Aura des jeweiligen Verfassungsrechts geschuldet sein: während das (Bundes-)Verfassungsrecht Deutschlands in einer einzigen Urkunde, dem Grundgesetz, versammelt ist und bereits der äußeren Form nach eine kompakte und würdevolle, »theoriefreundliche« Einheit darstellt, verteilt sich das (Bundes-)Verfassungsrecht Österreichs auf unzählig viele Gesetze, (Staats-)Verträge, Konventionen und Einzelrechtsnormen; waren es bis in die jüngste Vergangenheit noch rund 1.600 Normen im

Bundesverfassungsrang, so sind zu Beginn des Jahres 2008 durch das Erste Bundesverfassungsrechtsbereinigungsgesetz rund 1.000 Verfassungsnormen beseitigt worden.[181] Doch selbst die verbleibenden etwa 600 Verfassungsbestimmungen laden – noch – nicht dazu ein, dass über das positive Verfassungsrecht eine von einem einheitlichen systematisch-inhaltlichen Konzept her getragene Verfassungstheorie gespannt werde. Die Verfassungsbereinigung 2008 hat nichts Entscheidendes daran geändert, dass das Ensemble der in Geltung stehenden Verfassungsbestimmungen sich infolge ihrer inhaltlichen und regelungstechnischen Heterogenität gegen eine (verfassungs)theoretische Nobilitierung sperrt.

3. *Europäische Verfassungstheorie?*

Für Europa, näherhin: für die Europäische Union, lässt sich aufgrund der Vielgestaltigkeit der Herangehensweisen und der Heterogenität der Verständnisse von Verfassungsrechtswissenschaft[182] derzeit weder von einer einheitlichen Dogmatik noch gar einer einheitlichen Theorie europäischen Verfassungsrechts sprechen.[183] Doch in dem Maße, in dem das »deutsche« – besser wohl: das auch aus Deutschland stammende – Verständnis von Verfassungsdogmatik weiter in die gemeineuropäische, dem Unions- wie Gemeinschaftsrecht geltende Jurisprudenz – daneben aber auch in die rechtswissenschaftliche Betrachtung und Behandlung des Rechts der Europäischen Menschenrechtskonvention – Eingang findet, steigen Plausibilität und Bedarf nach einer Europäischen Verfassungstheorie.[184] Die Chancen dafür stehen – unbeschadet der noch äußerst rechtsprechungspositivistisch operierenden Europarechtswissenschaft – angesichts des Ob und des Wie der Justitiabilität des europäischen Rechts gar nicht schlecht.

VI
Eine Frage der Disziplin

Was Verfassungstheorie ist und welchen Nutzen sie hat, lässt sich sinnvollerweise nur vom Erkenntnisinteresse her bestimmen, zu dessen Befriedigung sie eingesetzt wird. Erst auf dieser Grundlage lassen sich Aussagen zur Sachangemessenheit und zur Gebrauchstauglichkeit des jeweiligen disziplinären Konzepts von Verfassungstheorie machen. Das Erkenntnisinteresse aber ist weder unverrückbar vorgegeben noch ohne weiteres in der Einzahl zu bestimmen. Aber es steht auch nicht für sich, sondern in Wechselwirkung mit den Erkenntnisinteressen anderer juridischer (Sub-)Disziplinen, namentlich jenen der Verfassungsmethodik und der Verfassungsdogmatik. Just dieser Gedanke hat Pate gestanden für das vorstehend unterbreitete Konzept von Verfassungstheorie, dessen Grundgedanken hier abschließend kurz zusammengefasst seien:

Die Verfassungstheorie befriedigt zunächst einmal den Theorie-Bedarf, den die anwendungsorientierte

Verfassungsdogmatik aus Gründen ihres Erkenntnisinteresses nicht zu stillen vermag. Die Verfassungsdogmatik ist nämlich als juridische Gebrauchs- und Anwendungsdisziplin für die Verfassungspraxis dann am wertvollsten, wenn sie sich ganz auf das positive Verfassungsrecht konzentriert, wenn sie im besten Sinne des Wortes verfassungspositivistisch arbeitet. Damit freilich geraten die gleichsam »hinter« den Verfassungsbestimmungen liegenden Bewegungsgesetze der Verfassung, die Voraussetzungen und Erwartungen für ein Funktionieren der Verfassung, notgedrungen aus dem Blick. Just ihnen wendet sich die Verfassungstheorie als Reflexions- und Hintergrunddisziplin der Verfassungsdogmatik zu. Als solche zielt sie auf die Verfassung hinter der Verfassung, d.h. die stringente und konsistente Ordnungsidee der normativ-virtuellen Verfassung als Verständnis- und Erklärungsfolie für das lediglich mehr oder minder stringente und konsistente Ensemble positivverfassungsrechtlicher Regelungen, welche die normativ-reale Verfassung bilden. Der Verfassungstheorie obliegt dabei die stets neu zu leistende Doppelaufgabe, Verfassungslegalität und Verfassungslegitimität einerseits voneinander zu scheiden, sie aber andererseits miteinander zu vermitteln.

Unter disziplinärem Aspekt kommt ihr die Rolle einer Verbindungs- und Mittlerdisziplin zwischen der anwendungsorientierten Verfassungsdogmatik auf der einen Seite und den theoretisch ausgerichteten Grundlagendisziplinen wie der Rechtsphilosophie und der Rechtstheorie, den vergleichend arbeitenden Disziplinen wie der Verfassungsgeschichte, der Allgemeinen Staatslehre und der Verfassungskomparatistik oder auch der empirisch fundierten Verfassungssoziologie auf der anderen Seite zu.

Indem die Verfassungstheorie als Disziplin verselbständigt und darin als Spross disziplinärer Ausdifferenzierung der Rechtswissenschaften erkennbar wird, fällt ihr zugunsten der Verfassungsdogmatik eine in doppelter Hinsicht disziplinierende Funktion zu: Sie dient dem Staatsrechtslehrer auf der einen Seite dazu, die Operationen der Verfassungsdogmatik von Elementen freizuhalten, die den Positivierungstest nicht erfolgreich bestanden haben, ihn aber auf der anderen Seite daran zu erinnern, dass das geltende (Verfassungs-)Recht kein selbsterklärendes und selbstgenügsames, sondern nur in seiner kontingenten Ambiance, seinem Kontext verstehbares und verständliches Konstrukt ist. In ihrer Funktion als verfassungsbezogenes Vorverständnis ist Verfassungstheorie für das juridische Verständnis von Verfassung und als Voraussetzung für jedwede verfassungsdogmatische Operation – unbeschadet des Umstandes, ob im Einzelnen reflektiert oder nicht – *unvermeidlich*, aber mangels Positivierung eben auch rechtlich *unverbindlich*. In dieser Doppelcharakteristik der Verfassungstheorie – Unverzichtbarkeit bei gleichzeitiger Unverbindlichkeit für den verfassungsdogmatischen Diskurs – findet die Symbiose mit der Verfassungsdogmatik ihren intradisziplinären Ausdruck. Der Mehrwert dieser disziplinären Ausdifferenzierung ist folglich darin zu erblicken, dass den beiden letztlich inkommensurablen Erkenntnissen über das Recht in methodisch-disziplinär vertretbarer Weise Ausdruck verliehen wird: dass nämlich das positive Recht in Geltung wie Inhalt ein selbstbestimmtes, autopoietisches System ist, dessen Verständnis und Erkenntnis aber immer schon einen das positive Recht selbst transzendierenden Horizont voraussetzen.

Anmerkungen

1 Vgl. statt vieler die Darstellung bei *Peter Pernthaler*, Allgemeine Staatslehre und Verfassungslehre, Springer: Wien und New York, 2. Aufl. 1996, S. 27 f.

2 Eine internetbasierte Recherche (Abfrage am 28.10.2008) für das Sommersemester 2008 sowie das Wintersemester 2008/09 ergab für 39 rechtswissenschaftliche Fakultäten und Fachbereiche in der Bundesrepublik Deutschland folgende Zahlen: »Staatslehre« (zumeist als »Allgemeine«) wird von sechs Lehrstühlen oder Professuren im Namen geführt, »Staatstheorie« nur von zweien und »Verfassungstheorie« überhaupt nur von einem einzigen (nämlich dem von *Christoph Möllers* bekleideten Lehrstuhl für Öffentliches Recht, insbesondere Staatsrecht, Rechtsvergleichung und Verfassungstheorie an der Georg-August-Universität Göttingen); für »Verfassungslehre« ergab sich keinerlei Befund. Zur »Staatslehre« wurden in dem genannten Zeitraum laut Internet 16 Lehrveranstaltungen (d.h. Vorlesungen) angeboten und zur »Staatstheorie« nur mehr eine; sowohl für die »Verfassungstheorie« als auch für die »Verfassungslehre« ergab sich ein curricularer Null-Wert.

3 Die insoweit nach wie vor bedeutsamste Schrift: *Martin Morlok*, Was heißt und zu welchem Ende studiert man Verfassungstheorie?, Duncker und Humblot: Berlin 1988.

4 Zur rechtswissenschaftstheoretischen Scheidung beider Perspektiven näher *Matthias Jestaedt*, Perspektiven der Rechtswissenschaftstheorie, in: ders./Oliver Lepsius (Hrsg.), Rechtswissenschaftstheorie, Mohr Siebeck: Tübingen 2008, S. 185–205.

5 Zum Formalobjekt, der Methode, als dem Kriterium disziplinärer Identität vgl. die Hinweise bei *Matthias Jestaedt*, »Öffentliches Recht« als wissenschaftliche Disziplin, in: Christoph Engel/Wolfgang Schön (Hrsg.), Das Proprium der Rechtswissenschaft, Mohr Siebeck: Tübingen 2007, S. 241–281 (267–271) m. weit. Nachw.

6 Zu Begriff und Sache der Systematizität als »charakteristischster Eigenschaft von Wissenschaft« einführend: *Paul Hoyningen-Huene*, Die Systematizität der Wissenschaft, in: Heike Franz/Werner Kogge/Torger Möller/Torsten Wilholt (Hrsg.), Wissensgesellschaft. Transformationen im Verhältnis von Wissenschaft und Alltag, Tagung vom 13.–14. Juli 2000 an der Universität Bielefeld, IWT-Paper 25, Bielefeld 2001 (URL: http://bieson.ub.uni-bielefeld.de/volltexte/2002/90/html/Paul_Hoyningen-Huene_Wissensgesellschaft.pdf), S. 18–26, Zitat: S. 18; *ders.*, Systematicity: The Nature of Science, in: Philosophia, Philosophical Quarterly of Israel 36 (2008), S. 167–180.

7 Pars pro toto seien hier genannt *Frieder Günther*, Denken vom Staat her. Die bundesdeutsche Staatsrechtslehre zwischen Dezision und Integration 1949–1970, Oldenbourg: München 2003; *Udo Di Fabio*, Die Staatsrechtslehre und der Staat, Ferdinand Schöningh: Paderborn, München, Wien, Zürich 2003, S. 51–82; *Oliver Lepsius*, Braucht das Verfassungsrecht eine Theorie des Staates? Eine deutsche Perspektive: Von der Staatstheorie zur Theorie der Herrschaftsformen, in: EuGRZ 2004, S. 370–381; *Christoph Möllers*, Der vermisste Leviathan. Staatstheorie in der Bundesrepublik, Suhrkamp: Frankfurt a. M. 2008.

Weiter ausgreifend auf eine Entwicklungsgeschichte der Wissenschaft(en) vom Öffentlichen Recht: *Rainer Wahl*, Herausforderungen und Antworten: Das Öffentliche Recht der letzten fünf Jahrzehnte, De Gruyter Recht: Berlin 2006.

8 Näher: *Christoph Schönberger*, Der »Staat« der Allgemeinen Staatslehre: Anmerkungen zu einer eigenwilligen deutschen Disziplin im Vergleich mit Frankreich, in: Olivier Beaud/Erk Volkmar Heyen (Hrsg.), Eine deutsch-französische Rechtswissenschaft? Kritische Bilanz und Perspektiven eines kulturellen Dialogs, Nomos: Baden-Baden 1999, S. 113–137, bes. 116–122 m. zahlr. weit. Nachw. Vgl. ergänzend *Hasso Hofmann*, Von der Staatssoziologie zu einer Soziologie der Verfassung, in: JZ 1999, S. 1065–1074 (1065 f., 1067 f.).

9 *Georg Jellinek*, Allgemeine Staatslehre, Springer: Berlin, 3. Aufl. 1914. Zu *Jellinek* vgl. namentlich *Jens Kersten*, Georg Jellinek und die klassische Staatslehre, Mohr Siebeck: Tübingen 2000. – Zeitgenössischer Versuch, die Allgemeine Staatslehre – freilich mit dem bezeichnenden Untertitel-Zusatz »Politikwissenschaft« – auch heute noch als juridische Subdisziplin fortzuführen: *Reinhold Zippelius*, Allgemeine Staatslehre. Politikwissenschaft, C. H. Beck: München, 15. Aufl. 2007. Eine moderne Fortsetzung findet das Projekt der Allgemeinen Staatslehre in der bewusst und offensiv multidisziplinär angelegten Staatswissenschaft (dazu richtungweisend: *Gunnar Folke Schuppert*, Staatswissenschaft, Nomos: Baden-Baden 2003) respektive »Neuen Staatswissenschaft« (*Andreas Voßkuhle*, Der »Dienstleistungsstaat«. Über Nutzen und Gefahren von Staatsbildern, in: Der Staat 40 (2001), S. 495–523 (503); eine »Revitalisierung der Allgemeinen Staatslehre als eines übergreifenden interdisziplinären Reflexionsrahmens für grundlegende Ordnungsfragen des Gemeinwesens«

fordert *Andreas Voßkuhle*, Die Renaissance der »Allgemeinen Staatslehre« im Zeitalter der Europäisierung und Internationalisierung, in: JuS 2004, S. 2–7 (2 f., s. ergänzend 4–6); dazu *Möllers*, Leviathan (o. Anm. 7), S. 67–69).

10 Zitate: *Christoph Möllers*, Artikel »Allgemeine Staatslehre«, in: Werner Heun/Martin Honecker/Martin Morlok/Joachim Wieland (Hrsg.) Evangelisches Staatslexikon, Kohlhammer: Stuttgart, 5. Aufl. 2006, Sp. 2318–2321 (2318).

11 Programmatisch und differenziert dazu *Josef Isensee*, Staat und Verfassung, in: ders./Paul Kirchhof (Hrsg.), Handbuch des Staatsrechts der Bundesrepublik Deutschland (= HStR), Bd. II, C. F. Müller: Heidelberg, 3. Aufl. 2004, § 15 Rdnrn. 1 ff., 5 ff., 46 ff., 193 ff. m. zahlr. weit Nachw.

12 Dazu *Möllers*, Leviathan (o. Anm. 7), S. 31 ff. und passim.

13 Richtungweisend *Christoph Möllers*, Staat als Argument, C. H. Beck: München 2000.

14 Vgl. stellvertretend *Christoph Gusy*, Brauchen wir eine juristische Staatslehre?, in: JöR N.F. 55 (2007), S. 41–71.

15 Ein Gegenbeispiel bietet etwa jüngst *Möllers*, Leviathan (o. Anm. 7), S. 11, 113, 114 u. ö., der bewusst von »juristischer Staatstheorie« spricht.

16 Dass der Satz ebenso in der umgekehrten Inbezugsetzung zutreffend ist, trachten die nachfolgenden Überlegungen zu zeigen.

17 Parallel dazu avanciert die Judikatur des Bundesverfassungsgerichts zum Theorie-Ersatz für die Staatsrechtslehre; dazu nachfolgend II.2.b), S. 38 f.

18 In diesem Sinne etwa eine der drei Funktionen der Verfassungslehre bei *Görg Haverkate*, Verfassungslehre. Verfassung als Gegenseitigkeitsordnung, C. H. Beck: München 1992, S. 1; dieses Verständnis dürfte wohl auch *Robert Alexys* »Theorie der Grundrechte« zugrunde liegen (*Robert Alexy*, Theorie der Grundrechte [1985], Suhrkamp: Frankfurt a. M., 1. Aufl. 1986). In dem Maße, in dem

Verfassungsdogmatik – wie von der ganz herrschenden Lehre einschließlich des Bundesverfassungsgerichts – auf der Grundlage einer sich selbst »objektiv« nennenden Verfassungs(interpretations)methodik betrieben, der historisch-reale Normsetzerwillen beiseite geschoben und damit die Positivität des (Verfassungs-)Rechts nicht vollends ernst genommen wird, fällt es schwer, den Positivierungsnachweis als belastbaren Lackmustest für die Validität verfassungsdogmatischer Begriffs- und Systembildung zu identifizieren (vgl. näher unten IV.1.b), S. 77–83); überhaupt fällt es dann schwer, jenseits des Abstraktionsgrades sowie des Ausmaßes an Anwendungsorientierung noch Unterschiede zwischen Verfassungsdogmatik und Verfassungstheorie zu finden. Selbst bei einem derartigen Verständnis muss Verfassungstheorie aber nicht überflüssig erscheinen, vermag sie doch zumindest jene Defizite der Dogmatik auszugleichen, die dieser aufgrund ihres Charakters als teilnehmerbezogenen Gebrauchsdisziplin eigen sind (dazu nachstehend II.2.a), S. 33–36).

19 So etwa *Morlok*, Verfassungstheorie (o. Anm. 3), S. 39–43 und passim; *Di Fabio*, Staatsrechtslehre (o. Anm. 7), S. 79.

20 Vgl. *Morlok*, Verfassungstheorie (o. Anm. 3), bes. S. 199, s. ergänzend S. 20–49, 196 f. und 204.

21 Zur Kennzeichnung der Verfassungsvergleichung als bloßer »Korollarwissenschaft«: *Bernd Wieser*, Vergleichendes Verfassungsrecht, Springer: Wien und New York 2005, S. V (Vorwort).

22 Eingehender entwickelt bei *Matthias Jestaedt*, Das mag in der Theorie richtig sein … Vom Nutzen der Rechtstheorie für die Rechtspraxis, Mohr Siebeck: Tübingen 2006, S. 46 ff., 62 ff. m. weit. Nachw.

23 Dazu näher *Jestaedt*, »Öffentliches Recht« (o. Anm. 5), S. 243 f. und 270 f.

24 Stellvertretend *Andreas Voßkuhle*, Neue Verwaltungsrechtswissenschaft, in: Wolfgang Hoffmann-Riem/Eberhard Schmidt-Aßmann/Andreas Voßkuhle (Hrsg.), Grundlagen des Verwaltungsrechts, Bd. I, C. H. Beck: München 2006, § 1 Rdnr. 6. Vgl. dazu auch die bedenkenswerten Hinweise bei *Ivo Appel*, Das Verwaltungsrecht zwischen klassischem dogmatischem Verständnis und steuerungswissenschaftlichem Anspruch, in: VVDStRL 67 (2008), S. 226–285 (233 m. Nachw. in Anm. 16–18). – Die mangelnde Unterscheidung von Rechts(teilnehmer)diskurs und (Rechts-)Wissenschaftsdiskurs ist auch das Grunddefizit der theoretisch ambitionierten Arbeit von *Markus Pöcker*, Stasis und Wandel der Rechtsdogmatik. Von der rationalistischen Rechtsvorstellung zu einer rechtstheoretisch angeleiteten Dogmatik des Öffentlichen Rechts, Mohr Siebeck: Tübingen 2007.

25 So namentlich *Ralf Poscher*, Rechtsprechung und Verfassungsrecht, in: Wilfried Erbguth/Johannes Masing (Hrsg.), Die Bedeutung der Rechtsprechung im System der Rechtsquellen: Europarecht und nationales Recht. XIII. Deutsch-Polnisches Verwaltungskolloquium 2003, Richard Boorberg: Stuttgart u.a. 2005, S. 127–150 (130 ff., bes. 137 und 150).

26 Zum »objektivierten Gesetzgeber« vgl. statt aller: BVerfGE 1, 299 (299 [Leitsatz 2] und 312); 8, 274 (307); 10, 234 (244); 11, 126 (130 f.); 20, 283 (293); 47, 109 (127); 48, 246 (256); 53, 135 (147); 53, 207 (212); 62, 1 (45); 71, 81 (106); 79, 106 (121); 105, 135 (157).

27 Vgl statt aller *Jürgen Mittelstraß*, Wissenschaft als Kultur, in: Heidelberger Jahrbücher 30 (1986), S. 51–71 (65 – Hervorhebung im Original): »Wissenschaftliche Rationalitäten (…) sind stets *begrenzte* Rationalitäten. Wo das in modernen Gesellschaften übersehen wird, haben wir es in Wahrheit mit einem Mythos zu tun, dem Mythos von der

vollständigen wissenschaftlichen Erkennbarkeit der Welt. Diesen Mythos schafft sich das wissenschaftliche Bewußtsein (…), um seinen Anspruch auf Allzuständigkeit zu begründen (…).« Die *Mittelstraß*'schen Ausführungen lassen sich insofern pointieren, als die Sektoralität und Limitiertheit des Rationalitätsanspruchs auch und gerade für jede *einzelne* Wissenschaftsdisziplin und deren (Welt- oder Wirklichkeits-)Erklärungsanspruch gilt. Der Glaube an eine wie auch immer geartete und spezifizierte Universalwissenschaft ist denn auch im *Wittgenstein*'schen Sinne als »Aberglaube« zu charakterisieren (vgl. dazu: *Joachim Schulte*, Glaube und Aberglaube [1989], in: ders., Chor und Gesetz. Wittgenstein im Kontext, Suhrkamp: Frankfurt a. M. 1990, S. 43–58).

28 Eine Besonderheit ergibt sich für die *Verfassungs*rechtswissenschaft sicherlich aus Stellung und Bedeutung des Bundesverfassungsgerichts. Dazu näher unten II. 2. b), S. 38 f.

29 Weit. Nachw. bei *Jestaedt*, Theorie (o. Anm. 22), S. 1–12.

30 Dazu *Schuppert*, Staatswissenschaft (o. Anm. 9).

31 Dazu *Gunnar Folke Schuppert/Ingolf Pernice/Ulrich Haltern* (Hrsg.), Europawissenschaft, Nomos: Baden-Baden 2005.

32 Dazu bes. *Wolfgang Hoffmann-Riem/Eberhard Schmidt-Aßmann/Andreas Voßkuhle* (Hrsg.), Grundlagen des Verwaltungsrechts, Bd. I: Methoden, Maßstäbe, Aufgaben, Organisation, und Bd. II: Informationsordnung, Verwaltungsverfahren, Handlungsformen, C. H. Beck: München 2006 und 2008.

33 Zu Begriff und Sache vgl. statt vieler *Eberhard Schmidt-Aßmann*, Das allgemeine Verwaltungsrecht als Ordnungsidee. Grundlagen und Aufgaben der verwaltungsrechtlichen Systembildung, Springer: Berlin, Heidelberg, New York, 2. Aufl. 2004, Kap. I, B (1/33–49, S. 18–31); des Weiteren *Voßkuhle*, Neue Verwaltungsrechtswissenschaft (o. Anm. 24), § 1 passim, bes. Rdnr. 39 m. weit. Nachw.; zuvor

bereits *ders.*, Methodik und Pragmatik im Öffentlichen Recht, in: Hartmut Bauer u. a. (Hrsg.), Umwelt, Wirtschaft und Recht, Mohr Siebeck: Tübingen 2002, S. 171–195 mit der Wendung von der »Entscheidungswissenschaft« (a.a.O., S. 179) sowie dem Vorschlag eines »differenziert-integrativen [Methoden-]Ansatzes«. Ebenso prägnante wie reich belegte Charakterisierungen des steuerungswissenschaftlichen Ansatzes finden sich – mit bezeichnenden Unterschieden im Detail – bei *Appel*, Verwaltungsrecht (o. Anm. 24), S. 241–254, und *Martin Eifert*, Das Verwaltungsrecht zwischen klassischem dogmatischem Verständnis und steuerungswissenschaftlichem Anspruch, in: VVDStRL 67 (2008), S. 286–333 (293–299).

34 *Winfried Brohm*, Kurzlebigkeit und Langzeitwirkung der Rechtsdogmatik, in: Max-Emanuel Geis/Dieter Lorenz (Hrsg.), Staat, Kirche, Verwaltung. Festschrift für Hartmut Maurer zum 70. Geburtstag, C. H. Beck: München 2001, S. 1079–1090 (1079).

35 Zum Konzept juridischer *Intra*disziplinarität: *Oliver Lepsius*, Themen einer Rechtswissenschaftstheorie, in: Matthias Jestaedt/Oliver Lepsius (Hrsg.), Rechtswissenschaftstheorie, Mohr Siebeck: Tübingen 2008, S. 1–49, sowie *Jestaedt*, Rechtswissenschaftstheorie (o. Anm. 4), S. 185–205.

36 Zu Begriff und Funktionalität der »Eigengesetzlichkeit« vgl. die Hinweise bei *Matthias Jestaedt*, Hans Kelsens Reine Rechtslehre. Eine Einführung, in: Hans Kelsen, Reine Rechtslehre. Einleitung in die rechtswissenschaftliche Problematik (1. Aufl. 1934), Mohr Siebeck: Tübingen 2008, S. XI–LXVI (XXV–XXIX).

37 Vgl. dazu o. Anm. 33.

38 Vgl. insbes. nachfolgend IV.1.b), S. 77–83.

39 Nur am Rande sei vermerkt, dass die eingebürgerte Bezeichnung der Methodenlehre der Rechtsauslegung (noch genauer wäre vielleicht sogar von der Methoden-

lehre der Gesetzesauslegung zu sprechen) als »juristische Methodenlehre« grob verkürzend ist, handelt es sich doch lediglich um eine Methodenlehre für *einen* Aspekt der rechtsanwendungsbezogen arbeitenden Jurisprudenz. Wer methodologische Reflexion und methodische Anleitung für die Rechtsphilosophie und die Rechtstheorie, die Rechtsgeschichte und die Rechtssoziologie, die Rechtspsychologie und die Rechtslinguistik, die Rechtsinformatik und die Rechtsethik usf. sucht, wird hier, dem vollmundigen Titel zum Trotze, nicht fündig werden. Auch darin mag man einen Beleg für die ebenso verbreitete wie unberechtigte Gleichsetzung von Rechtswissenschaft und Rechtsdogmatik erblicken.

40 *Morlok*, Verfassungstheorie (o. Anm. 3), S. 39 f. und 40.

41 Rein theoretisch spräche nichts dagegen, weitergehend auch dann von Dogmatik zu sprechen, wenn sich die wissenschaftliche Praxisanleitung nicht auf die – aktuelle oder potentielle – Anwendung gegenwärtig *geltenden* Rechts beschränkte, sondern sich auch auf Anwendungssituationen erstreckte, denen deswegen virtueller oder gar fiktiver Charakter eignet, weil es um die simulierte Anwendung von nicht mehr in Geltung stehendem, also historisch entrücktem oder aber von noch nicht in Geltung stehendem, sei es geplantem, sei es nur gedachtem Recht geht (in diesem Sinne etwa das Verständnis von Dogmatik bei *Jan C. Schuhr*, Rechtsdogmatik als Wissenschaft. Rechtliche Theorien und Modelle, Duncker & Humblot: Berlin 2006, S. 37–45 und öfter). Aus zwei – freilich lediglich arbeitsökonomisch relevanten – Gründen sei im Folgenden indes davon abgesehen: Zum einen widerspräche es dem eingebürgerten Verständnis von Rechtsdogmatik und könnte daher zu unnötigen Irritationen führen; und zum anderen – und dies wiegt aus wissenschaftlichen Gründen schwerer – erzeugte ein so weites Verständnis

von Dogmatik die Notwendigkeit, innerhalb der Dogmatik disziplinär-methodologische Abschichtungen vorzunehmen. Außer einem höheren Komplexitätsgrad und, damit einhergehend, eine Komplizierung der Kommunikation über Dogmatik wäre zunächst wenig gewonnen.

42 Zur Unterscheidung von Orientierungs- und Verfügungswissen *Mittelstraß*, Wissenschaft (o. Anm. 27), S. 65; *ders.*, Glanz und Elend der Geisteswissenschaften, BIS-Verlag: Oldenburg 1989, S. 19; *ders.*, Bildung und ethische Maße, in: Nelson Killius/Jürgen Kluge/Linda Reisch (Hrsg.), Die Zukunft der Bildung, Suhrkamp: Frankfurt a. M. 2002, S. 151–170 (164 – Hervorhebungen im Original): »*Verfügungswissen* ist ein Wissen um Ursachen, Wirkungen und Mittel; es ist das Wissen, das Wissenschaft und Technik unter gegebenen Zwecken zur Verfügung stellen. *Orientierungswissen* ist ein Wissen um gerechtfertigte Zwecke und Ziele; gemeint sind Einsichten, die im Leben orientieren (z.B. als Orientierung im Gelände, in einem Fach, in persönlichen Beziehungen), aber auch solche, die das Leben orientieren (und etwa den »Sinn« des eigenen Lebens ausmachen). Verfügungswissen ist insofern ein *positives* Wissen, Orieniterungswissen ein *regulatives* Wissen.«

43 Zum Positivierungsnachweis vgl. nachstehend IV.1.b), S. 77–83.

44 Dazu näher unten IV.1.a), S. 74–77.

45 Näher ausgeführt bei *Matthias Jestaedt*, Grundrechtsentfaltung im Gesetz. Studien zur Interdependenz von Grundrechtsdogmatik und Rechtsgewinnungstheorie, Mohr Siebeck: Tübingen 1999, S. 266–278.

46 Nur um Missverständnisse zu vermeiden: Die hier verwendete Charakterisierung der Verfassungsdogmatik als »positivisitisch« versteht sich nicht als Stellungnahme im »ewigen Streit« zwischen Rechtspositivismus und Naturrechtslehre.

47 Dazu und zum Folgenden: *Morlok,* Verfassungstheorie (o. Anm. 3), S. 41–43 m. weit. Nachw..; vgl. auch *dens.*, Reflexionsdefizite in der deutschen Staatsrechtslehre, in: Helmuth Schulze-Fielitz (Hrsg.), Staatsrechtslehre als Wissenschaft, Die Verwaltung, Beiheft 7, 2007, S. 49 (70 f.). – Grundsätzliche Kritik am herkömmlichen, theorie- und innovationshemmenden Verständnis von Dogmatik, verbunden mit der Forderung, »die rationalistischen Sinnreferenzen der Dogmatik zu kappen und die Dogmatik auf die Logik des theorieorientierten social experiment in systemtheoretischer Sinnreferenz umzustellen«: *Pöcker,* Rechtsdogmatik (o. Anm. 24), passim, bes. S. 141–181, 183–252 sowie 261 (Zitat).

48 Wendung: *Morlok,* Verfassungstheorie (o. Anm. 3), S. 42.

49 Die wissenschaftstheoretische Unterscheidung von Entdeckungszusammenhang und Begründungs- oder Rechtfertigungszusammenhang kann zurückgeführt werden auf: *Hans Reichenbach,* Experience and Prediction. An Analysis of the Foundations and the Structure of Knowledge, University of Chicago Press: Chicago, IL, 1938, S. 6 ff., der von »context of discovery« und »context of justification« spricht; entsprechend *Richard Alan Wasserstrom,* The Judicial Decision: Toward a Theory of Legal Justification, Stanford University Press: Palo Alto, CA, 1961, S. 27: »process of discovery« und »process of justification«.

50 Zum Begriffspaar von Darstellung und Herstellung des Rechts: *Wolfgang Hoffmann-Riem,* Methoden einer anwendungsorientierten Verwaltungsrechtswissenschaft, in: Eberhard Schmidt-Aßmann/Wolfgang Hoffmann-Riem (Hrsg.), Methoden der Verwaltungsrechtswissenschaft, Nomos: Baden-Baden 2004, S. 9–72 (20–27, bes. 20–22 m. weit. Nachw.).

51 Zu den Schwierigkeiten, die die Dogmatik im herkömmlichen Verständnis mit der Kontingenz des positiven

Rechts hat, vgl. die Andeutungen bei *Jestaedt*, Theorie (o. Anm. 22), S. 80 f.

52 Einige Andeutungen zu den Gefahren rechtsdogmatischen Systemdenkens für das positive Recht bei *Jestaedt*, Theorie (o. Anm. 22), S. 81–83 m. weit. Nachw. Zu den unterschiedlichen Systembegriffen vgl. näher unten IV.1.d), S. 86–89.

53 Ausführlicher dazu *Morlok*, Reflexionsdefizite (o. Anm. 47), S. 73 f., der die »Nützlichkeit der Verborgenheit der eigenen Leistung« als »funktionale Latenz« im Sinne von *Robert K. Merton* charakterisiert. – Dass dieser Mechanismus indes keineswegs immer verfängt, beweist eindrucksvoll der ehemalige Präsident des BGH, Günther Hirsch, wenn er dem Gesetz die Rolle der Klavier-Partitur, dem Gesetzgeber jene des Komponisten und dem gesetzesanwendenden Richter jene des – mehr oder minder virtuosen, jedenfalls ganz von der eigenen Ingeniosität geleiteten – Pianisten zuweist. Vgl. zuletzt etwa *Günther Hirsch*, Auf dem Weg zum Richterstaat? Vom Verhältnis des Richters zum Gesetzgeber in unserer Zeit, in: JZ 2007, S. 853–858, bes. 858. Dazu, auch im rechtshistorischen Kontext: *Christian Hillgruber*, »Neue Methodik« – Ein Beitrag zur Geschichte der richterlichen Rechtsfortbildung in Deutschland, in: JZ 2008, S. 745–755 m. weit. Nachw.

54 Zur Geltung (oder auch Gültigkeit) als der spezifischen Existenzform des positiven Rechts grundlegend *Hans Kelsen*, Reine Rechtslehre. Mit einem Anhang: Das Problem der Gerechtigkeit, Franz Deuticke: Wien, 2. Aufl. 1960, S. 7, 9 f., 22, 196, 215 u. ö.; *ders.*, Allgemeine Theorie der Normen. Im Auftrag des Hans-Kelsen-Instituts aus dem Nachlaß herausgegeben von Kurt Ringhofer und Robert Walter, Manz: Wien 1979, S. 2, 3, 22 f., 39, 136 f., 139, 167 f., 171; *Gabriel Nogueira Dias*, Rechtspositivismus und Rechtstheorie. Das Verhältnis beider im Werke Hans

Kelsens, Mohr Siebeck: Tübingen 2005, bes. S. 216–224, 246–252 sowie 275–282 m. weit. Nachw.

55 Richtungweisend dazu *Herbert Lionel Adolphus Hart*, The Concept of Law, Oxford University Press: Oxford und New York 1961, S. 89–91 und 242 f.

56 Dass dies der immanenten »Logik« der Dogmatik als Disziplin aus Teilnehmersicht respektive für Teilnehmerzwecke entspricht, bedeutet freilich nicht, dass nicht selten dagegen verstoßen wird.

57 Zur Maßgeblichkeit der Positivierung für den dogmatischen Diskurs näher unten IV.1.b), S. 77–83.

58 Dazu m. zahlr. weit. Nachw. *Matthias Jestaedt*, Verfassungsgerichtspositivismus. Die Ohnmacht des Verfassungsgesetzgebers im verfassungsgerichtlichen Jurisdiktionsstaat, in: Otto Depenheuer/Markus Heintzen/Peter Axer/Matthias Jestaedt (Hrsg.), Nomos und Ethos. Hommage anläßlich des 65. Geburtstages von Josef Isensee, Duncker & Humblot: Berlin 2002, S. 183–228.

59 Vgl. auch *Morlok*, Reflexionsdefizite (o. Anm. 47), S. 72; *Karl-Heinz Ladeur*, Postmoderne Verfassungstheorie, in: Ulrich K. Preuß (Hrsg.), Zum Begriff der Verfassung. Die Ordnung des Politischen, Fischer: Frankfurt a. M. 1994, S. 304–331 (304, s. ergänzend 306 f., 307 f.): »Die Dominanz der Abwägungen der verfassungsgerichtlichen Entscheidungspraxis und der ihnen zugrundeliegenden Lesart der »offenen Verfassung« [...] hat sich in der Verfassungsrechtswissenschaft unter der Form einer theoretischen Verarmung niedergeschlagen.«

60 Zum hier zugrunde gelegten Verständnis von Rechtstheorie eingehender *Jestaedt*, Theorie (o. Anm. 22), passim, bes. S. 28–30.

61 Vgl. vorstehend II.1.c), S. 29–32.

62 Dazu grundlegend *Morlok*, Verfassungstheorie (o. Anm. 3), passim; *ders.*, Reflexionsdefizite (o. Anm. 47), S. 75 f.

63 Zu Gestalt und Stellenwert eines autopoietischen Systems: *Niklas Luhmann*, Soziale Systeme. Grundriß einer allgemeinen Theorie, Suhrkamp: Frankfurt a. M. 1984, bes. S. 57–65, 296–300 sowie 300–303.

64 Dazu *Josef Isensee*, Grundrechtsvoraussetzungen und Verfassungserwartungen an die Grundrechtsausübung, in: HStR V, C. F. Müller: Heidelberg, 1. Aufl. 1992, § 115 Rdnr. 9 mit Anm. 3, s.a. Rdnr. 27.

65 *Luhmann*, Soziale Systeme (o. Anm. 63), S. 253 u. ö.

66 Vgl. dazu unten III.6., S. 67–72.

67 Dazu und zum Folgenden vgl. stellvertretend die Ausführungen bei *Isensee*, Staat (o. Anm. 11), § 15 Rdnrn. 166–201, bes. 177–183 sowie 184–192 m. zahlr. Nachw.

68 Dazu *Isensee*, Staat (o. Anm. 11), § 15 Rdnr. 188 m. Nachw.

69 *Carl Schmitt*, Verfassungslehre, Duncker & Humblot: München, 1. Aufl. 1928, S. 20–36 und passim.

70 *Schmitt*, Verfassungslehre (o. Anm. 69), S. 21. Vgl. dazu auch nachfolgend Anm. 79.

71 Die hier gemeinte (normativ-)reale Verfassung ist nicht zu verwechseln mit der (faktisch-)realen Verfassung als der tatsächlichen Ordnung und Befindlichkeit eines Gemeinwesens.

72 Dazu *Max Weber*, Die »Objektivität« sozialwissenschaftlicher und sozialpolitischer Erkenntnis (1904), in: ders., Gesammelte Aufsätze zur Wissenschaftslehre, hrsgg. von Johannes Winckelmann, J. C. B. Mohr (Paul Siebeck): Tübingen, 6. Aufl. 1985, S. 146–214.

73 Grundlegende, kritische Studie: *Wilhelm Hennis*, Verfassungsrecht und Verfassungswirklichkeit, J. C. B. Mohr (Paul Siebeck), Tübingen 1968.

74 Zum sogenannten Verfassungswandel vgl. stellvertretend: *Andreas Voßkuhle*, Gibt es und wozu nutzt eine Lehre vom Verfassungswandel?, in: Der Staat 43 (2004), S. 450–459.

75 Vgl. dazu auch nachfolgend IV.2.b), S. 93 f.

76 So auch das ceterum censeo bei *Möllers*, Leviathan (o. Anm. 7). Vgl. ergänzend *Wieser*, Vergleichendes Verfassungsrecht (o. Anm. 21), S. 45: »Die Verfassungsvergleichung liefert (...) das – schon systematisierend aufbereitete – Rechtsmaterial, auf dessen Basis die Verfassungslehre zur Theoriebildung übergeht.«

77 Exemplarisch *Wieser*, Vergleichendes Verfassungsrecht (o. Anm. 21), passim, bes. S. 26–38. Dazu auch nachfolgend III.6., S. 67–72.

78 Zum Ganzen als »offenem Horizont einer möglichen Verständigung« auf der Grundlage eines »schwachen Holismus«: *Ralph Christensen/Kent D. Lerch*, Dass das Ganze das Wahre ist, ist nicht ganz unwahr, in: JZ 2007, S. 438–444 (440 f. und bes. 441–444 [die erstzitierte Wendung auf S. 442]).

79 Die im Folgenden entwickelte Unterscheidung von verfassungsdogmatischem und verfassungstheoretischem Verfassungsbegriff mag an die Unterscheidung von »Verfassung« und »Verfassungsgesetz« im Sinne *Carl Schmitts* erinnern (*Schmitt*, Verfassungslehre [o. Anm. 69], S. 3–11 zum »absoluten Verfassungsbegriff« [»Die Verfassung als einheitliches Ganzes«], 11–20 zum »relativen Verfassungsbegriff« [»Die Verfassung als eine Vielheit einzelner Gesetze«] und insbes. 21–36 zum »positiven Verfassungsbegriff« [»Die Verfassung als Gesamtentscheidung über Art und Form der politischen Einheit«]; besonders deutlich auch S. 10 [Hervorhebung im Original]: »Es gibt kein geschlossenes Verfassungssystem rein normativer Art, und es ist willkürlich, eine Reihe einzelner Bestimmungen, die man als Verfassungsgesetze auffaßt, als systematische Einheit und Ordnung zu behandeln, wenn nicht die Einheit aus einem vorausgesetzten einheitlichen *Willen* besteht.«). Diese Übereinstimmung ist jedoch kaum mehr als akzidentieller Natur, differieren die beiden Unterscheidungen doch grundlegend in ihrem Rechtsbegriff

und in der ihnen beigelegten Funktion. So wird schon *Schmitts* existenzial-substanzialistische Auffassung nicht geteilt, dass das positivrechtliche Verfassungsrecht – in *Schmitts* Nomenklatur: das »Verfassungsgesetz« – sich in seiner Geltung von der »Verfassung« ableite, welche ihrerseits »kraft des existierenden politischen Willens desjenigen, der sie gibt« (a.a.O., S. 22), gelte; keinerlei rechtlichen Anknüpfungspunkt findet sich demzufolge im Blick auf die Ansicht, dass »gegenüber dieser existentiellen Entscheidung [...] alle normativen Regelungen sekundär« (a.a.O., S. 23) seien, ja dass »das Wesen der Verfassung nicht in einem Gesetz oder einer Norm enthalten ist« (a.a.O., S. 23), sondern dass »vor jeder Norm [...] die konkrete Existenz des politisch geeinten Volkes« (a.a.O., S. 121) stehe – denn darin zeige sich »die Überlegenheit des Existentiellen über die bloße Normativität« (a.a.O., S. 107). Demgegenüber sei, jenseits aller sonstigen Unterschiede, nur darauf hingewiesen, dass nach dem hier zugrunde gelegten Verständnis verfassungstheoretischen Sätzen, damit auch der Verfassung im Sinne der Verfassungstheorie, sehr wohl normativer, aber eben *nicht* positiv(rechtlich)er Charakter zukommt. Bei Lichte besehen dürfte sich die Kongruenz der *Schmittschen* und der hiesigen Dichotomie darauf beschränken, dass jeweils auf der strikten Unterscheidung beider Bereiche (Verfassung vs. Verfassungsgesetz bei *Schmitt*, Verfassungsdogmatik vs. Verfassungstheorie hier) beharrt wird.

80 Die in dogmatischen Kontexten gerne beschworene »Einheit«, namentlich jene der Verfassung, kann durchaus in zweifachem, und zwar sehr unterschiedlichem Sinne gemeint sein, nämlich das eine – in praxi nur ausnahmsweise in Bezug genommene – Mal als die mit Hilfe der Rechtstheorie beschreibbare formal-strukturelle Einheit des positivrechtlichen Erzeugungs- und Vernichtungszusam-

menhangs und das andere – in praxi ganz überwiegend gemeinte – Mal als die material-substanzielle Einheit innerer Wertwiderspruchsfreiheit. Erstere kann als eine adäquate Deutung des positiven Rechts durchgehen, letztere kann allenfalls den Status einer regulativen, im positiven Recht nur in vielfachen Brechungen verwirklichten Idee beanspruchen. Mit Recht kritisch gegen das dogmatische Operieren mit der material verstandenen Einheitsvokabel: *Friedrich Müller*, Die Einheit der Verfassung – Kritik des juristischen Holismus: Elemente einer Verfassungstheorie III, Duncker & Humblot: Berlin, 2. Aufl. 2007.

81 Zu Begriff und Sache der »Suprastruktur«: *Josef Esser*, Vorverständnis und Methodenwahl in der Rechtsfindung, Athenäum: Frankfurt a. M. 1970, S. 35 ff., bes. 36.

82 Der Begriff der »Sinnreferenz« wird hier in dem von *Pöcker*, Rechtsdogmatik (o. Anm. 24), S. 27, 253 und passim, geprägten Sinne verstanden und verwendet; in ähnlichem Sinne könnte von der von der Verfassungstheorie der Verfassungsdogmatik bereitgestellten »Sinnmatrix« (a.a.O., S. 254) die Rede sein.

83 Grundlegend: BVerfGE 7, 198 (205) – »Lüth«.

84 Zur Kritik m. zahlr. Nachw. vgl. etwa *Horst Dreier*, Dimensionen der Grundrechte, Hennies und Zinkeisen: Hannover 1993, S. 12–21 (bes. 17–21) sowie 21–26.

85 Dieses »Können« ist freilich zu präzisieren. Denn es wird noch zu zeigen sein, dass das *Ob* der Wahl einer verfassungstheoretischen (Vor-)Verständnisfolie für Auslegung und Anwendung des positiven Verfassungsrechts dem Verfassungsdogmatiker nicht frei steht; sein Bemühen kann sich daher allenfalls auf das konkrete *Wie* dieser Wahl beziehen. Dazu nachstehend IV.2.a), S. 90–92.

86 Näher zur Funktion der Verfassungstheorie als der wissenschaftlichen Spielart des verfassungsbezogenen Vorverständnisses nachfolgend IV.2.a), S. 90–92.

87 Dazu nachfolgend IV., bes. 1.a), S. 74–77.

88 Näher zu den unterschiedlichen Systembegriffen, die Verfassungstheorie einerseits und Verfassungsdogmatik andererseits zugrunde liegen, nachfolgend IV.1.d), S. 86–89.

89 Grundlegend: *Schmitt*, Verfassungslehre (o. Anm. 69), S. 126 f., ergänzend S. 131, 158, 166, 168, 175 und 181; dazu *Isensee*, Staat (o. Anm. 11), § 15 Rdnrn. 174–176.

90 Vgl. *Herbert Krüger*, Verfassungsvoraussetzungen und Verfassungserwartungen, in: Horst Ehmke/Joseph H. Kaiser/Wilhelm A. Kewenig/Karl Matthias Meessen/Wolfgang Rüfner (Hrsg.), Festschrift für Ulrich Scheuner zum 70. Geburtstag, Duncker & Humblot: Berlin 1973, S. 285–306 (Verfassungsvoraussetzungen: bes. 286–293, Verfassungserwartungen: 302–306).

91 Vgl. *Isensee*, Grundrechtsvoraussetzungen (o. Anm. 64), § 115 Rdnrn. 7–33 sowie 163–221 und 222–264 m. umfass. Nachw.

92 So in Adaption der Definition der Grundrechtsvoraussetzung durch *Isensee*, Grundrechtsvoraussetzungen (o. Anm. 64), § 115 Rdnr. 7, s.a. Rdnr. 4: »Die Potenzen, die auf die reale Geltung und Gestalt der Grundrechtsnormen einwirken, sind Grundrechtsvoraussetzungen.« Weniger differenziert und auch unscharf hingegen die Deutung bei *Paul Kirchhof*, Die Identität der Verfassung, in: HStR II, C. F. Müller: Heidelberg, 3. Aufl. 2004, § 21 Rdnr. 65, wenn dort die Verfassungsvoraussetzungen als »Grundlage« und die Verfassungsinhalte als »Text des Verfassungsgesetzes« tituliert werden.

93 Zitat: *Isensee*, Grundrechtsvoraussetzungen (o. Anm. 64), § 115 Rdnr. 163.

94 Inwieweit angesichts der beschriebenen Eigenarten sowohl die Verfassungsvoraussetzungen als auch die Verfassungserwartungen – auch – der Verfassungsdogmatik und nicht nur der Verfassungstheorie zugeschlagen werden können

(in diesem Sinne aber dezidiert *Isensee*, Grundrechtsvoraussetzungen [o. Anm. 64], § 115 passim, ausdrücklich Rdnr. 27: »eine verfassungsdogmatische Kategorie«), erscheint mehr als fraglich. Nach dem hier unterbreiteten Verständnis disziplinärer Arbeitsteilung zwischen Verfassungsdogmatik und Verfassungstheorie ist die Rubrizierung der beiden nicht verfassungsrechtlich positivierten Funktionsbedingungen von Verfassungsrecht in die Verfassungsdogmatik aber auch gar nicht erforderlich. Die von *Isensee*, Grundrechtsvoraussetzungen (o. Anm. 64), § 115 Rdnr. 19 im Blick auf die Grundrechtsvoraussetzungen geltend gemachte These von deren »rechtspraktischer Relevanz« wird hier nicht geteilt; die dort aufgeworfenen Fragen, nämlich »ob und wie sich die Voraussetzung auf Reichweite und Inhalt der Norm auswirkt, ob der Wandel der Voraussetzung den Verfassungswandel nach sich zieht, ob mit dem Wegfall der Voraussetzung auch die Norm entfällt«, sind denn auch sämtlich zu verneinen.

95 Richtungweisend *Friedrich Müller/Ralph Christensen*, Juristische Methodik, Bd. I: Grundlagen des Öffentlichen Rechts, Duncker & Humblot: Berlin, 9. Aufl. 2004, Rdnrn. 225–247, bes. 230–233.

96 Dazu bes. *Ulrich R. Haltern*, Verfassungsgerichtsbarkeit, Demokratie und Mißtrauen. Das Bundesverfassungsgericht in einer Verfassungstheorie zwischen Populismus und Progressivismus, Duncker & Humblot: Berlin 1998.

97 Dazu eindrucksvoll *Isensee*, Grundrechtsvoraussetzungen (o. Anm. 64), § 115 Rdnrn. 181 f., 222–264, bes. 226, m. zahlr. Nachw.

98 Vgl. vorstehend II.1.c), S. 29–32.

99 Nicht zu verkennen ist freilich, dass dem Allgemeinen Verwaltungsrecht in mancherlei Hinsicht ähnliche Funktionen zugeschrieben werden; nicht von ungefähr spielen auch für Ob und Wie des »allgemeinen Verwaltungsrechts als

Ordnungsidee« die Verfassungsnähe (um nicht zu sagen: die Verfassungsunmittelbarkeit), der System(bildungs)-gedanke und die Frage der Positivierung eine zentrale Rolle. Richtungweisend das Konzept bei *Schmidt-Aßmann*, Allgemeines Verwaltungsrecht (o. Anm. 33), bes. Erstes Kap., I (1/1–32, S. 1–18); vgl. ergänzend *Hans-Heinrich Trute/Thomas Groß/Hans Christian Röhl/Christoph Möllers* (Hrsg.), Allgemeines Verwaltungsrecht – zur Tragfähigkeit eines Konzepts, Mohr Siebeck: Tübingen 2008, darin bes. die Beiträge von *Thomas Vesting*, Rechtswissenschaftliche Beobachtung des Rechtssystems: Einheitsbildung und Differenzerzeugung, S. 233–251, sowie *Arno Scherzberg*, Das Allgemeine Verwaltungsrecht zwischen Praxis und Reflexion – Theoretische Grundlagen der modernen Verwaltungsrechtswissenschaft, S. 837–868.– Am Beispiel des Allgemeinen Verwaltungsrechts, welches als vor die Klammer gezogener Teil der Dogmatik verstanden wird, lässt sich im übrigen eingehend studieren, welche Aufgaben der (Verwaltungsrechts-)Dogmatik – bis hin zu Kritik und Erzeugung (!) des positiven (Verwaltungs-)Rechts – zugeschrieben werden, wenn keine davon disziplinär getrennte (Verwaltungsrechts-)Theorie und (Verwaltungs-)Rechtspolitik betrieben werden.

100 Bei Lichte betrachtet stellt selbst die vermeintliche und vordergründige Sinnlosigkeit von einem übergeordneten Standpunkt aus eine ratio dar.

101 Vgl. I.3., S. 17–20.

102 Dazu s. vorstehend I.3., S. 17–20, sowie II.3., S. 40–44.

103 *Ronald Dworkin*, Taking Rights Seriously, Harvard University Press: Cambridge/Mass., 2. Aufl. 1978, S. 78, der damit freilich, anders als hier, nicht in Bezug auf die Verfassungs*theorie* operiert.

104 Vgl. *Hermann Heller*, Staatslehre, hrsgg. von Gerhart Niemeyer, A. W. Sijthoff: Leiden 1934, S. 32–37 (Kulturwis-

senschaft), 37–48 (Wirklichkeitswissenschaft) sowie 48–51 (Strukturwissenschaft). Prominent aus der bundesrepublikanischen Staatsrechtslehre: *Peter Häberle*, Verfassungslehre als Kulturwissenschaft, Duncker & Humblot: Berlin, 2. Aufl. 1998.

105 Zur gegenstands-»konstituierenden« Funktion der Methode vgl. die Hinweise bei *Oliver Lepsius*, Erkenntnisgegenstand und Erkenntnisverfahren in den Geisteswissenschaften der Weimarer Republik, in: Ius Commune. Zeitschrift für Europäische Rechtsgeschichte 22 (1995), S. 283–310 (292 ff., bes. 294 f., und 303 ff., bes. 304); *Jestaedt*, »Öffentliches Recht« (o. Anm. 5), S. 267–270.

106 Zum Konzept einer »Integrationswissenschaft«: *Gunnar Folke Schuppert*, »Theorizing Europe« oder von der Überfälligkeit einer disziplinenübergreifenden Europawissenschaft, in: Schuppert/Pernice/Haltern (Hrsg.), Europawissenschaft (o. Anm. 31), S. 3–35; *Ulrich Haltern*, Rechtswissenschaft als Europawissenschaft, ebd., S. 37–87 (40–48).

107 Dazu oben II.3., S. 40–44.

108 Dazu vorstehend III.2., S. 51–53.

109 Dazu stellvertretend *Peter Häberle*, Demokratische Verfassungstheorie im Lichte des Möglichkeitsdenkens, in: AöR 102 (1977), S. 27–68; *ders.*, Rechtsvergleichung im Kraftfeld des Verfassungsstaates. Methoden und Inhalte, Kleinstaaten und Entwicklungsländer, Duncker & Humblot: Berlin 1992; *Bernd-Christian Funk*, Rechtswissenschaft als Erkenntnis und kommunikatives Handeln, dargestellt anhand von Entwicklungen in der Staatsrechtslehre, in: JRP 8 (2000), S. 65–75 (67); *Morlok*, Reflexionsdefizite (o. Anm. 47), S. 61–64.

110 Zu diesem Bild oben II.3., S. 40–44.

111 Als in des Wortes doppelter Bedeutung beispielhaft kann insofern das »kleine« Buch von *Christoph Möllers*,

Demokratie – Zumutungen und Versprechen, Klaus Wagenbach: Berlin 2008, gelten.

112 Wer Sinn und Zweck eines Autos begreifen möchte, muss ja auch nicht selbst ein Auto fahren, geschweige denn eines reparieren oder gar eines konstruieren können.

113 Vgl. insoweit die beiden klassischen Zitate aus den »Philosophischen Untersuchungen«: »Die Bedeutung eines Wortes ist sein Gebrauch in der Sprache.« (*Ludwig Wittgenstein*, Philosophische Untersuchungen, Basil Blackwell: Oxford 1953, § 43 [S. 20]) sowie »Sieh den Satz als Instrument an und seinen Sinn als seine Verwendung!« (a.a.O., § 421 [S. 126]).

114 Dazu vorstehend III.3.a), S. 54–57.

115 Dazu *Matthias Jestaedt*, Demokratieprinzip und Kondominialverwaltung. Entscheidungsteilhabe Privater an der öffentlichen Verwaltung auf dem Prüfstand des Verfassungsprinzips Demokratie, Duncker & Humblot 1993, S. 205–210; *Rolf Grawert*, Staatsvolk und Staatsangehörigkeit, in: HStR II, C. F. Müller: Heidelberg, 3. Aufl. 2004, § 16 Rdnrn. 27, 29 und 30–32.

116 Zu den Bedeutungs- und Verwendungsschichten von Verfassungsprinzipien differenzierend: *Franz Reimer*, Verfassungsprinzipien. Ein Normtyp im Grundgesetz, Duncker & Humblot: Berlin 2001.

117 Zu Begriff und Sache des Schleusenbegriffs: *Susanne Baer*, Schleusenbegriffe, Typen und Leitbilder als Erkenntnismittel und ihr Verhältnis zur Rechtsdogmatik, in: Eberhard Schmidt-Aßmann/Wolfgang Hoffmann-Riem (Hrsg.), Methoden der Verwaltungsrechtswissenschaft, Nomos: Baden-Baden 2004, S. 223–251 (225–228) m. Nachw.

118 Näher ausgeführt am Beispiel der Selbstverwaltung: *Matthias Jestaedt*, Selbstverwaltung als »Verbundbegriff« – Vom Wesen und Wert eines allgemeinen Selbstverwal-

tungsbegriffes –, in: Die Verwaltung 35 (2002), S. 293–317 m. weit. Nachw.

119 Dazu sogleich unter IV.1.b), S. 77–83.

120 Dies dürfte auch die Stoßrichtung der Argumentation von *Christoph Möllers* sein (Religiöse Freiheit als Gefahr, in: VVDStRL 68 [2009], Gliederungspunkt II.1.–3. [im Erscheinen]), der freilich mit der polemisch gemeinten Frage, was aus der Kategorie der Verfassungsvoraussetzung, so es sie denn gebe, »normativ« (gemeint dürfte sein: positiv-verfassungsrechtlich oder verfassungsdogmatisch) folge (a.a.O., II.1. bei Anm. 13), wohl doch zu einseitig auf die Interessen und Bedürfnisse der Dogmatik abhebt. Zu den hier verwendeten, gerade nicht der Verfassungsdogmatik zugeschlagenen Begriffen von Verfassungsvoraussetzungen und Verfassungserwartungen oben III.4.b), S. 61–64.

121 Dazu einerseits *Arnd Uhle*, Staat – Kirche – Kultur, Duncker & Humblot: Berlin 2004; *ders.*, Freiheitlicher Verfassungsstaat und kulturelle Identität, Mohr Siebeck: Tübingen 2005, sowie andererseits *Möllers*, Religiöse Freiheit (o. Anm. 120), II.3.

122 Eine gewisse Abstraktionshöhe ist gewiss eine notwendige Bedingung für eine verfassungstheoretische Kategorie; sie markiert aber kein hinreichendes Abgrenzungskriterium zur Verfassungsdogmatik.

123 Vgl. oben II.1.c), S. 29–32.

124 Die Sprechweise – das sei nur am Rande erwähnt – von der Auslegung »der Norm« ist, wiewohl allgemeingebräuchlich, in einem entscheidenden Punkte ungenau, verwechselt sie doch die Norm mit ihrem kommunikativen Platzhalter, dem Normtext. Der Norm, sprich: des »unkörperlichen« Verbots- oder Gebots-, Ermächtigungs- oder Erlaubnissatzes, will man ja im Wege der Auslegung der in der Außenwelt verkörperten Indizien wie namentlich des Normtextes erst habhaft werden.

125 Stellt man in Rechnung, dass Rechtsdogmatik als solche das Recht und dessen Erzeugung nicht steuert, also keinerlei rechtsproduktive Macht besitzt (dazu oben II.1.a) und c), S. 22–24 und 29–31), muss schon die im Haupttext verwendete Formulierung als ungenau und in der Sache sogar unzutreffend ablehnt werden.

126 So die Grundhypothese der von *Robert Alexy* begründeten Prinzipienlehre; vgl. pars pro toto: *Alexy*, Theorie (o. Anm. 18), S. 71–157. Zur Kritik vgl. etwa *Matthias Jestaedt*, Die Abwägungslehre – ihre Stärken und ihre Schwächen, in: Otto Depenheuer/Markus Heintzen/Matthias Jestaedt/Peter Axer (Hrsg.), Staat im Wort. Festschrift für Josef Isensee, C. F. Müller: Heidelberg 2007, S. 253–275.

127 Dazu, dass Verfassungstheorie nicht nur die hier angesprochene, erklärende Funktion besitzt, sondern darüber hinaus gerade als Folie der Kritik des geltenden Verfassungsrechts eingesetzt werden kann, vgl. bereits oben III.2., S. 51–53.

128 Im Übrigen bedeutet der Umstand, dass es Verfassungstheorie in dem Maße, in dem Verfassungsdogmatik formuliert werden kann, nicht (mehr) braucht, keineswegs, dass mit zunehmender Positivierung der Bewegungsgesetze einer Verfassung die Notwendigkeit von Verfassungstheorie durch Zuwachs von Verfassungsdogmatik zum Verschwinden gebracht werden könnte. Denn kein noch so ausführlich und konkret gefasster Satz (des positiven Rechts) vermag die mit ihm verbundenen Prämissen und Wirkungen selbst zu thematisieren. Genau genommen kann kein Satz seine Prämissen selbst formulieren. Denn in dem Moment, in welchem er den Kontext zu Text erhöbe, hörte jener auf, Kontext zu sein, und käme der Kontext des – früheren – Kontextes in den Blick. Epistemologisch gesprochen: *Jedes* Verständnis setzt Vor-Verständnis voraus (dazu unten IV.2.a), S. 90–92). Die zunehmende Positivie-

rung würde also nur dazu führen, dass der Erklärungsansatz der Verfassungstheorie immer hintergründiger und subtiler werden müsste. An der Erklärungsfunktion und damit der Notwendigkeit der Verfassungstheorie als solchen würde sich jedoch nichts ändern.

129 Wenn *Ernst-Wolfgang Böckenförde* sie als einen »Grenzbegriff des Verfassungsrechts« tituliert (Ernst-Wolfgang Böckenförde, Die verfassunggebende Gewalt des Volkes – Ein Grenzbegriff des Verfassungsrechts, Metzner: Frankfurt a. M. 1986), so ist doch darauf zu beharren, dass die verfassunggebende Gewalt wenn auch »an« der Grenze zum (positiven) Verfassungsrecht, so doch *jenseits*, d.h. außerhalb der Grenzen desselben zu lokalisieren ist (dazu bereits *Jestaedt*, Demokratieprinzip [o. Anm. 115], S. 156–158 m. weit Nachw. in Anm. 90). Vgl. ergänzend m. zahlr. Nachw. *Christian Winterhoff*, Verfassung – Verfassunggebung – Verfassungsänderung. Zur Theorie der Verfassung und der Verfassungsrechtserzeugung, Mohr Siebeck: Tübingen 2007, S. 123–165 und S. 183–355, bes. 255–288.

130 Vgl. pars pro toto die beiden – mit Recht kritischen – Stimmen von *Gerd Roellecke*, Verfassungsgebende Gewalt als Ideologie, in: JZ 1992, S. 992–934, sowie *Josef Isensee*, Das Volk als Grund der Verfassung – Mythos und Relevanz der Lehre von der verfassunggebenden Gewalt, Westdeutscher Verlag: Opladen, 1995.

131 Wendung: *Isensee*, Volk (o. Anm. 130), S. 42.

132 In diesem Sinne wird etwa häufig in Verfassungspräambeln Rekurs auf die verfassunggebende Gewalt des Volkes genommen; zur Präambel des Grundgesetzes: *Josef Isensee*, Schlußbestimmung des Grundgesetzes: Artikel 146, in: HStR VII, C. F. Müller: Heidelberg 1992, § 166 Rdnr. 35; *Martin Heckel*, Die Legitimation des Grundgesetzes durch das deutsche Volk, in: HStR VIII, C. F. Müller: Heidelberg 1995, § 197 Rdnrn. 7 und 43.

133 Dazu vorstehend III.4.b), S. 61–64. – Zur »Unmöglichkeit einer Kodifikation« sämtlicher Verfassungserwartungen bereits *Isensee*, Grundrechtsvoraussetzungen (o. Anm. 64), § 115 Rdnrn. 200 (Zitat) und 227, s. ergänzend zu den Gefahren verfassungstextlicher Formulierung von Verfassungserwartungen Rdnr. 204.

134 Dass damit nicht und schon gar nicht in umfassender Weise eine *einseitige* Steuerung des Verhältnisses von Verfassungsinterpretation, Verfassungsdogmatik und Verfassungstheorie von der Interpretation her behauptet wird, sei zur Vermeidung von Missverständnissen eigens hinzugesetzt. Deutlich zu unterscheiden ist schließlich das Abhängigkeitsverhältnis sub specie des disziplinären Status von jenem sub specie disziplinärer Inhalte: Während nämlich das Verständnis dessen, was wie auszulegen ist (Verfassungserkenntnismethodik), Rolle und Stellenwert dessen, was zur Kontextualisierung des Ausgelegten hinzuzuziehen ist (Verfassungstheorie), nachhaltig determiniert, befördert eine konkrete verfassungstheoretische »Sinnreferenz« (dazu o. Anm. 82) sowohl verfassungsinterpretatorische als auch verfassungsdogmatische Pfadabhängigkeiten. Näher zu den Interdependenzen von Rechtserkenntnislehre (Interpretationslehre) und Rechtsdogmatik: *Jestaedt*, Grundrechtsentfaltung (o. Anm. 45), S. 131–134, ergänzend 266–278 sowie 279–320; näher zu den Interdependenzen zwischen Verfassungsdogmatik und Verfassungstheorie nachstehend IV.2., S. 89–96.

135 Dazu namentlich *Jestaedt*, Grundrechtsentfaltung (o. Anm. 45), S. 329–358 m. zahlr. Nachw.; *ders.*, Und er bewegt sie doch! Der Wille des Verfassungsgesetzgebers in der verfassungsgerichtlichen Auslegung des Grundgesetzes, in: Hans-Detlef Horn (Hrsg.), Recht im Pluralismus. Festschrift für Walter Schmitt Glaeser, Duncker & Humblot: Berlin 2003, S. 267–293. Dazu jüngst: *Josef Franz Lindner*,

Theorie der Grundrechtsdogmatik, Mohr Siebeck: Tübingen 2005, S. 128–176, bes. 139–141 sowie 145–149 m. zahlr. Nachw.

136 Wenn auch das Gesamtkonzept, innerhalb dessen die Rechtserkenntnislehre streng subjektiv-historisch ausgerichtet ist, hier noch nicht einmal in Grundzügen dargestellt werden kann, sei doch wenigstens den beiden dem Votum für die subjektiv-historische Auslegung am häufigsten entgegengebrachten Missverständnissen in gedrängter Kürze in den Weg getreten. Zum einen: Soweit der Normsetzer – wie etwa »der Gesetzgeber« oder »das Bundesverfassungsgericht« – ein Kollegialgremium ist, ist mit dem Normsetzerwillen selbstredend nicht ein – ja gar nicht existenter – realpsychischer Gesamtwillen gemeint; vielmehr werden dann realpsychische Einzelwillensbetätigungen – und das ist ja dem Recht auch sonst nicht fremd – der juristischen Person/dem Organ/usf. zugerechnet. Entscheidend ist, dass auch das, was als Normsetzungswillen eines kollegial organisierten Normsetzers bezeichnet wird, auf realpsychische Fakten, anders ausgedrückt: auf raum-zeitlich gebundene tatsächliche menschliche Verhaltensweisen zurückgeführt werden kann und muss. Und zum anderen: Auf den Vorwurf, bei Zugrundelegung einer streng subjektiv-historischen Interpretation werde »das Recht« statisch, weil im Zustand seiner Erlassung petrifiziert, ist zu antworten, dass die subjektiv-historische Rechtserkenntnislehre hier mit einer dynamischen, das Recht in seinen Individualisierungs- und Konkretisierungsprozessen ernst nehmenden Betrachtung verbunden wird. Die »Statik« der Rechtserkenntnis verbindet sich hier mit der »Dynamik« der Rechtserzeugung. Das eine ist nach Anlage des positiven Rechts nicht ohne das andere zu haben. Vgl. dazu ergänzend nachstehend IV.2., S. 89–96.

137 Zum gleichwohl verbleibenden Sinn von Verfassungstheorie vgl. o. Anm. 18 a. E.

138 Pars pro toto: *Brun-Otto Bryde*, Verfassungsentwicklung. Stabilität und Dynamik im Verfassungsrecht der Bundesrepublik Deutschland, Nomos: Baden-Baden 1982.

139 *Wittgenstein*, Philosophische Untersuchungen (o. Anm. 113), § 109 (S. 47).

140 Dazu erhellend und weiterführend (ungeachtet des Umstandes, dass die hier unterbreiteten Unterscheidungen gerade in entscheidenden Punkten nicht geteilt werden): *Scherzberg*, Allgemeines Verwaltungsrecht (o. Anm. 99), S. 849–868, bes. 849–851, m. zahlr. weit. Nachw.

141 Wird Verfassungstheorie herangezogen, um ein konkret geltendes Verfassungsrecht besser verstehen zu können, ist der Systementwurf der Verfassungstheorie natürlich nicht ohne Bezug zu dem explanandum möglich.

142 Bei allen Unterschieden im Übrigen, konzipiert auch *Schmitt*, Verfassungslehre (o. Anm. 69), S. XI u.ö., s. auch die Vorbemerkung 1954, S. IX, seine Verfassungslehre als System.

143 Dazu vorstehend IV.1.c), S. 84–86.

144 Vgl. oben II.1.c) und II.2., S.29–32 und 32–40.

145 Dazu und zum Folgenden *Jestaedt*, Grundrechtsentfaltung (o. Anm. 45), S. 279–320 m. zahlr. Nachw. – Der Begriff der Rechtsgewinnung erscheint, weil weniger »belastet«, vorzugswürdig. Rechtsanwendung wird, der herkömmlichen statischen Betrachtungsweise entsprechend, regelmäßig als Gegenbegriff zur Rechtsetzung verstanden. Dazu, dass Rechtsetzung und Rechtsanwendung jedoch nicht substanziell, sondern lediglich perspektivisch unterschieden werden können und grundsätzlich jeder Rechtsanwendungsakt zugleich einen Rechtsetzungsakt enthält und vice versa, vgl. richtungweisend: *Adolf Julius Merkl*, Das doppelte Rechtsantlitz. Eine Betrachtung aus

der Erkenntnistheorie des Recht (1918), in: ders., Gesammelte Schriften, Bd. I/1, Duncker & Humblot: Berlin 1993, S. 227–252; *Kelsen*, Reine Rechtslehre, 2. Aufl. (o. Anm. 54), S. 228–282, bes. 239–242.

146 Näher ausgearbeitet bei *Matthias Jestaedt*, Maßstäbe des Verwaltungshandelns, in: Hans-Uwe Erichsen/Dirk Ehlers (Hrsg.), Allgemeines Verwaltungsrecht, De Gruyter Recht: Berlin, 13. Aufl. 2005, § 10 Rdnrn. 8 f. (S. 290 f.).

147 Vgl. die Andeutungen bei *Jestaedt*, Grundrechtsentfaltung (o. Anm. 45), S. 320–327.

148 Zum Weiteren s. bereits *Jestaedt*, Grundrechtsentfaltung (o. Anm. 45), S. 127–134.

149 Dazu ergänzend nachfolgend IV.2.c), S. 94–96.

150 Die Mutation einer verfassungstheoretischen Kategorie – von einer zunächst bloß heuristisch sinnvollen Annahme über eine deskriptive Größe weiter zur präskriptiven Formel, die selbst Verbindlichkeit erheischt, bis schließlich zur Rechtsquelle – vollzieht sich in verblüffender Parallele zu dem von *Hans Vaihinger* zu Beginn des letzten Jahrhunderts entdeckten (ersten) »Gesetz der Ideenverschiebung«, wonach eine Idee in ihrer Handhabung durch die Wissenschaft eine doppelte Metamorphose durchläuft: von der Fiktion über die Hypothese zum Dogma (*Hans Vaihinger*, Die Philosophie des Als Ob. System der theoretischen, praktischen und religiösen Fiktionen der Menschheit auf Grund eines idealistischen Positivismus. Mit einem Anhang über Kant und Nietzsche, Felix Meiner: Leipzig, 9./10. Aufl. 1927, S. 219–230 – unter Berufung, a.a.O., S. 227, auf *Auguste Comtes* Gesetz der drei Entwicklungsstadien). Diese »unerlaubte Verwandlung einer Hypothese in ein Dogma« (a.a.O., S. 221 – ohne die Hervorhebung im Original) wird von *Vaihinger* als »unwissenschaftlicher Umwandlungsprozeß« (a.a.O., S. 222) stigmatisiert: »So wird die Fiktion einfach Dogma: Das Als ob wird zum

Weil und *Dass*« (a.a.O., S. 222 – Hervorhebungen im Original). Die bemerkenswerte, sozusagen erkenntnispsychologische Begründung, die *Vaihinger* für die Anziehungskraft dieser Spielart der »Ideenverschiebung« findet: »Das treibende Motiv bei dieser Umwandlung und Verschiebung ist die *Ausgleichungstendenz* der Seele, welche in voreiliger Ungeduld jener unangenehmen Spannungszustände sich entledigen will. Zu bemerken ist, dass diese Tendenz zur *Stabilisierung der Vorstellungen* der natürliche Gang ist. So sehr nun allerdings auch die Wissenschaft diese Tendenz hat und haben muss, so ist doch die voreilige Ausführung dieser Umwandlung die *Quelle vieler Irrtümer*« (a.a.O., S. 222 – Hervorhebungen im Original). Die Remedur liefert *Vaihinger* in Form des zweiten »Gesetzes der Ideenverschiebung« gleich mit: Es ist der »wissenschaftliche Rückbildungsprozeß« (a.a.O., S. 222), der schonungslos den Wirklichkeitsbezug der Ideen offenlegt, genauer: wiederherstellt. Damit wird die stufenweise Ent-Täuschung initialisiert, dass der im Dogma behauptete Wirklichkeitsbezug der Idee nicht kategorischer, sondern allenfalls hypothetischer Natur ist, bis schließlich die Erkenntnis reift, dass die betreffende Idee noch nicht einmal den Status einer Hypothese beanspruchen kann, sondern bloße Fiktion ist – damit freilich, entgegen verbreiteter Überzeugung, nicht sinn- und bedeutungslos, sondern »ein *praktisch* wertvolles Gebilde, aber ohne eigentlichen *theoretischen* Erkenntniswert« (a.a.O., S. 226 u.ö. – Hervorhebungen nicht im Original). Die Beseitigung der (Selbst-)Täuschung über den Charakter einer Idee trägt jedoch ambivalente Züge: denn ihr Ergebnis, die höchst relative Sicherheit des »Als Ob«, ist zwar mit den Mitteln der Vernunft approbiert, aber für denjenigen, der nach höheren Gewissheitsgraden sucht, unbefriedigend, wenn nicht beunruhigend. Wer Ent-

Täuschung propagiert, darf sich nicht wundern, wenn er Enttäuschungen provoziert.

151 *Josef Esser* schreibt diese Wendung *Hans-Georg Gadamer* (Wahrheit und Methode, J. C. B. Mohr [Paul Siebeck]: Tübingen, 2. Aufl. 1965, S. XIX) zu: *Esser*, Vorverständnis (o. Anm. 81), S. 136 Fußn. 67; er selbst spricht in diesem Kontext vom »entscheidungsbezogenen Vorverständnis« (a.a.O., S. 136).

152 In ähnliche Richtung auch *Konrad Hesse*, Grundzüge des Verfassungsrechts der Bundesrepublik Deutschland, C. F. Müller: Heidelberg, Neudruck der 20. Aufl. 1999, Rdnrn. 60 ff., bes. 61–65; *Alexander Schmitt Glaeser*, Vorverständnis als Methode. Eine Methodik der Verfassungsinterpretation unter besonderer Berücksichtigung U.S.-amerikanischen Rechtsdenkens, Duncker & Humblot: Berlin 2004, S. 31–41, bes. 40 f.

153 Zitat: *Esser*, Vorverständnis (o. Anm. 81), S. 136. Grundlegend zum hermeneutischen Zirkel und dem Wert seiner Erkenntnis: *Martin Heidegger*, Sein und Zeit (7. Aufl. 1953), zitiert nach: *ders.*, Gesamtausgabe, I. Abteilung: Veröffentlichte Schriften 1914–1970, Bd. 2, Vittorio Klostermann: Frankfurt a. M. 1977, S. 203 (»Der Zirkel darf nicht zu einem vitiosum und sei es auch nur zu einem geduldeten herabgezogen werden. In ihm verbirgt sich eine positive Möglichkeit ursprünglichsten Erkennens, die freilich in echter Weise nur dann ergriffen ist, wenn die Auslegung verstanden hat, daß ihre erste, ständige und letzte Aufgabe bleibt, sich jeweils Vorhabe, Vorsicht und Vorgriff nicht durch Einfälle und Volksbegriffe vorgeben zu lassen, sondern in deren Ausarbeitung aus den Sachen selbst her das wissenschaftliche Thema zu sichern.«); ihm folgend *Hans-Georg Gadamer*, Vom Zirkel des Verstehens (1959), in: ders., Gesammelte Schriften, Bd. 2, Hermeneutik II, J. C. B. Mohr (Paul Siebeck): Tübingen 1986, S.

57–65; *ders.*, Wahrheit und Methode, J. C. B. Mohr (Paul Siebeck): Tübingen, 2. Aufl. 1965, S. 250–323.

154 Allgemein zur »Theoriebildung durch *Vermutung* und die Prüfung mit Hilfe von *Basissätzen*«: *Rudolf Thienel*, Kritischer Rationalismus und Jurisprudenz. Zugleich eine Kritik an Hans Alberts Konzept einer sozialtechnologischen Jurisprudenz, Manz: Wien 1991, S. 210 f. (Zitat: 211 – Hervorhebungen im Original). Ähnlich bereits *Rainer Lippold*, Reine Rechtslehre und Strafrechtsdoktrin. Zur Theoriestruktur in der Rechtswissenschaft am Beispiel der Allgemeinen Strafrechtslehre, Springer: Wien, New York 1989, S. 174.

155 Dazu aus britischer Sicht treffend *Martin Loughlin*, Theory and Value in Public Law: An Interpretation, in: Public Law 2005, S. 46–64 (64): »There is, of course, no reason why anyone within the field – whether an academic or practitioner – should not move from scholar to actor, especially in a practice of such intricacy and social importance as public law. But there is a particular reason why these roles should not be confused, and this is that these competing discourses are all that there is to the subject. There is no metaphysical truth, there are no transcendent standards of correctness that lie outside the practices, and there is very little by way of specialised technical knowledge that enables »experts« to offer scientific solutions to public law problems. Public law comprises a fluid set of practices concerning the activity of governing and some distinctive but similarly fluid styles of argument. The scholarly remit is purely that of theory, in the sense of offering an account of the subject as it is practised of such explanatory power that others might be convinced. But this scholarly position is, at best, only the starting point for the actor. Actors operate mainly on the plane of value,

and are concerned to shape the subject of public law in accordance with desired value outcomes.«

156 *Ernst-Wolfgang Böckenförde*, Die Methoden der Verfassungsinterpretation – Bestandsaufnahme und Kritik (1976), in: ders., Staat, Verfassung, Demokratie. Studien zur Verfassungstheorie und zum Verfassungsrecht, Suhrkamp: Frankfurt a. M. 1991, S. 53–89 (79, ähnlich 83).

157 So insbesondere *Böckenförde*, Methoden (o. Anm. 156), S. 84; s. ergänzend *dens.*, Grundrechtstheorie und Grundrechtsinterpretation (1974), in: ders., Staat, Verfassung, Demokratie. Studien zur Verfassungstheorie und zum Verfassungsrecht, Suhrkamp: Frankfurt a. M. 1991, S. 115–145 (140–142, bes. 142), wobei *Böckenförde* als »Gemäßheit« nicht bloß die Gegenstandsangemessenheit der betreffenden Theorie genügen lässt, sondern eine »in der Verfassung erkennbar vorausgesetzte oder ausdrücklich sanktionierte Grundrechtstheorie« (a.a.O., S. 142) im Auge hat, die dann konsequenterweise schlicht als »die Grundrechtstheorie des Grundgesetzes« (a.a.O., S. 142–145) firmiert; in ähnliche Richtung etwa *Winfried Brugger*, Elemente verfassungsliberaler Grundrechtstheorie, in: JZ 1987, S. 633–640 (633) mit dem Postulat einer »nicht-beliebigen, wissenschaftlich ausgewiesenen, objektiven Grundrechtstheorie des Grundgesetzes«, »die der Grundrechtsdogmatik zumindest ein verbindliches Argumentationsgerüst stellt«; vorsichtiger, nur »einen relativen Verbindlichkeitsanspruch« postulierend: *Wolfram Höfling*, Offene Grundrechtsinterpretation. Grundrechtsauslegung zwischen amtlichem Interpretationsmonopol und privater Konkretisierungskompetenz, Duncker & Humblot: Berlin 1987, S. 47 ff., 71 ff., bes. 74 f. (Zitat: S. 74; siehe auch S. 75: »Ansatz einer konkretisierungsleitenden Grundrechtstheorie«).

158 *Böckenförde*, Grundrechtstheorie (o. Anm. 157), S. 142.

159 Dazu vorstehend III.2., S. 51–53.

160 Stellvertretend *Schönberger*, »Staat« (o. Anm. 8).

161 Wenn hier und im Weiteren von »dem« Verständnis der Verfassungstheorie in der deutsch(sprachig)en Verfassungsrechtswissenschaft die Rede ist, so soll damit selbstredend nicht behauptet werden, als gebe es hierzulande nur eine einzige – und dann am besten gleich auch noch: die richtige – Verfassungstheorie. Vielmehr wird das über allen Differenzen im Kern gemeinsame Verständnis von Verfassungstheorie in Bezug genommen, welches sich aus zwei Grundelementen zusammensetzt, nämlich erstens der disziplinären Verselbständigung der Verfassungstheorie insbesondere gegenüber der Verfassungsdogmatik und zweitens dem gleichwohl (fort)bestehenden nachgerade symbiotischen Näheverhältnis von Verfassungstheorie und Verfassungsdogmatik, welches ersterer die Charakterisierung einer ancilliären Grundlagendisziplin einträgt (dazu oben I.3., S. 17–20).

162 Vgl. dazu bereits oben II.2., S. 32–40.

163 Um nur einige wenige repräsentative Autoren und Titel zu nennen: *John Hart Ely*, Democracy and Distrust: A Theory of Judicial Review, Harvard University Press: Cambrigde/Mass. und London 1980; *Alexander M. Bickel*, The Least Dangerous Branch: The Supreme Court at the Bar of Politics, Yale University Press: New Haven und London, 2. Aufl. 1986; *Bruce Ackerman*, We the People. Vol. 1: Foundations, Vol. 2: Transformations, Harvard University Press: Cambridge/Mass. und London 1991 und 1998; *Paul W. Kahn*, The Reign of Law: Marbury v. Madison and the Construction of America, Yale University Press: New Haven und London 1997; *Antonin Gregory Scalia*, A Matter of Interpretation: Federal Courts and the Law, Princeton University Press: Princeton/N. J. 1997; *Cass R. Sunstein*, Designing Democracy: What Constitutions Do, Oxford

University Press: New York 2001; *Richard Allen Posner*, Law, Pragmatism and Democracy, Harvard University Press: Cambridge/Mass. und London 2003; *Randy E. Barnett*, Restoring the Lost Constitution: The Presumption of Liberty, Princeton University Press: Princeton/N. J. 2004.

164 *James Madison/Alexander Hamilton/John Jay*, The Federalist: A Collection of Essays, written in Favour of the New Constitution, as Agreed Upon by the Federal Convention, September 17, 1787, 2 Bde., J. & A. McClean: New York 1788.

165 Zur »Rigidität« der Verfassung als deren fehlender bzw. erschwerter Abänderbarkeit und als Gegenbegriff zur Flexibilität: *Schmitt*, Verfassungslehre (o. Anm. 69), S. 16 f.

166 Dieser Charakterisierung steht selbstredend nicht entgegen, dass das Konzept im Laufe der Zeit Ergänzungen (so bereits die ersten zehn Amendments!), Änderungen oder Neuausrichtungen erfährt.

167 Dazu unübertroffen *Oliver Lepsius*, Was kann die deutsche Staatsrechtslehre von der amerikanischen Rechtswissenschaft lernen?, in: Helmuth Schulze-Fielitz (Hrsg.), Staatsrechtslehre als Wissenschaft, Die Verwaltung Beiheft 7, 2007, S. 319–366 m. zahl. weit. Nachw. Ergänzend: *Winfried Brugger*, Amerikanische Verfassungstheorie, in: Der Staat 39 (2000), S. 425–453. – Diese Unterschiedlichkeit des Zugriffs in der U.S.-amerikanischen und in der deutschen Verfassungsrechtswissenschaft ist in Rechnung zu stellen, will man erklären, warum dem Grundlagenwerk *Karl Loewensteins*, der aus dem Englischen ins Deutsche übersetzten, 1969 schließlich in 2. Auflage erschienenen »Verfassungslehre« (J. C. B. Mohr [Paul Siebeck]: Tübingen 1969; Titel der amerikanischen Originalausgabe: »Political Power and the Government Process«), nachhaltige Wirkung auf den deutschen Diskurs versagt geblieben ist.

168 Vgl. auch die Hinweise bei *Lepsius*, Amerikanische Rechtswissenschaft (o. Anm. 167), S. 340 f. und 346 f.

169 Dabei soll nicht übersehen werden, dass bereits zur Wende vom 19. zum 20. Jahrhundert mit dem Werk von *Albert Venn Dicey*, namentlich dem Lehrbuch »An Introduction to the Study of the Law of the Constitution« (Macmillan: London, 1. Aufl. 1885), eine verfassungstheoretische Pionierleistung vorliegt. Zu *Dicey* vgl. statt vieler *Oliver Lepsius*, Die Begründung der Verfassungsrechtswissenschaft in Großbritannien durch A. V. Dicey, in: ZNR 29 (2007), S. 47–59; *ders.*, Der britische Verfassungswandel als Erkenntnisproblem, in: JöR N.F. 57 (2009) (im Erscheinen); *Adam Tomkins*, Wissenschaft vom Verfassungsrecht: Großbritannien, in: Armin von Bogdandy/Pedro Cruz Villalón (Hrsg.), Handbuch Ius Publicum Europaeum, Band II: Offene Staatlichkeit – Wissenschaft vom Verfassungsrecht, C. F. Müller: Heidelberg 2008, § 30 Rdnrn. 9–12.

170 Human Rights Act 1998. [1998 c. 42] (»An Act to give further effect to rights and freedoms guaranteed under the European Convention on Human Rights; to make provision with respect to holders of certain judicial offices who become judges of the European Court of Human Rights; and for connected purposes«).

171 Pionierhaft, wenn auch (deswegen) keineswegs repräsentativ: *Martin Loughlin*, The Idea of Public Law, Oxford University Press: Oxford 2003.

172 Vgl. aber *Martin Loughlin*, Constitutional Theory: A 25th Anniversary Essay, in: Oxford Journal of Legal Studies 25 (2005), S. 183–202 m. zahlr. weit. Nachw., der mit Blick auf die britische Rechtswissenschaft, freilich mit erheblichen außerbritischen Anleihen, von einem »remarkable revival« (S. 183) und einer »rejuvenation of constitutional theory« (S. 191) spricht.

173 Dazu stellvertretend *Colin A. Munro*, Studies in Constitutional Law, Butterworths: London, 2. Aufl. 1999; *Jeffrey Jowell/Dawn Oliver* (Hrsg.), The Changing Constitution,

Oxford University Press: Oxford und Ney York, 5. Aufl. 2004. Aus deutscher Perspektive: *Gernot Sydow*, Parlamentssuprematie und Rule of Law, Mohr Siebeck: Tübingen 2005; *Almut Fröhlich*, Von der Parlamentssouveränität zur Verfassungssouveränität, 2009 (im Erscheinen).

174 Damit bleibt das »Goldene Zeitalter« der französischen Verfassungsrechtslehre unter der III. Republik mit seinen Protagonisten *Adhémar Esmein, Léon Duguit, Maurice Hauriou, Raymond Carré de Malberg* sowie *Joseph Barthélemy* hier außerhalb der Betrachtung.

175 Dazu erhellend: *Luc Heuschling*, Wissenschaft vom Verfassungsrecht: Frankreich, in: Armin von Bogdandy/Pedro Cruz Villalón (Hrsg.), Handbuch Ius Publicum Europaeum, Band II: Offene Staatlichkeit – Wissenschaft vom Verfassungsrecht, C. F. Müller: Heidelberg 2008, § 28 Rdnrn. 21–25.

176 Heute etwa noch: *Philippe Ardant/Bertrand Mathieu*, Droit constitutionnel et institutions politiques, L.G.D.J.: Paris, 20. Aufl. 2008; *Jean Gicquel/Jean-Eric Gicquel*, Droit constitutionnel et institutions politiques, Éditions Montchrestien: Paris, 22. Aufl. 2008.

177 Vgl. stellvertretend die beiden Klassiker *Georges Burdeau*, Droit constitutionnel et institutions politiques: conforme au programme des facultés de droit et écoles d'enseignement supérieur, L.G.D.J.: Paris, 7. Aufl. 1957 (zuvor unter den Titeln: »Manuel de droit constitutionnel« / »Cours de droit constitutionnel«); *Maurice Duverger*, Institutions politiques et droit constitutionnel, vol. 1: Les grands systèmes politiques, vol. 2: Le système politique français, PUF: Paris, 5. Aufl. 1960 (zuvor unter dem Titel: »Droit constitutionnel et institutions poltiques«).

178 Programmatischer Ausdruck dessen ist namentlich das von *Louis Favoreu* begründete Verfassungsrechtslehrbuch: *Louis Favoreu/Patrick Gaïa/Richard Ghevontian/Jean-Louis*

Mestre/Otto Pfersmann/André Roux/Guy Scoffoni, Droit constitutionnel, Éditions Dalloz: Paris, derzeit in 9. Aufl. 2006, welches bereits im Vorwort der Erstauflage die sich bewusst von der französischen Tradition absetzende Namenswahl eigens und offensiv begründet.

179 Zur zeitgenössischen Verfassungsrechtslehre: *Heuschling*, Frankreich (o. Anm. 175), § 28 Rdnrn. 43–52 sowie 53.

180 Erhellend zum »modus austriacus« in der Staatsrechtslehre: *Ewald Wiederin*, Denken vom Recht her. Über den modus austriacus in der Staatsrechtslehre, in: Helmuth Schulze-Fielitz (Hrsg.), Staatsrechtslehre als Wissenschaft, Die Verwaltung Beiheft 7, 2007, S. 293–317 m. zahlr. Nachw. Ergänzend siehe *Alexander Somek*, Wissenschaft vom Verfassungsrecht: Österreich, in: Armin von Bogdandy/Pedro Cruz Villalón (Hrsg.), Handbuch Ius Publicum Europaeum, Band II: Offene Staatlichkeit – Wissenschaft vom Verfassungsrecht, C. F. Müller: Heidelberg 2008, § 33 m. zahlr. Nachw.

181 Das 1. BVRBG bildet Art. 2 des 2. Bundesverfassungsgesetzes, mit dem das Bundes-Verfassungsgesetz geändert und ein Erstes Bundesverfassungsrechtsbereinigungsgesetz erlassen wird, vom 4.1.2008, BGBl I 2008/2.

182 Dazu vgl. die sehr informativen Überblicksbeiträge in: *Armin von Bogdandy/Pedro Cruz Villalón* (Hrsg.), Handbuch Ius Publicum Europaeum, Band II: Offene Staatlichkeit – Wissenschaft vom Verfassungsrecht, C. F. Müller: Heidelberg 2008, §§ 27–38.

183 Vgl. auch die Hinweise bei *Armin von Bogdandy*, Wissenschaft vom Verfassungsrecht: Vergleich, in: ders./Pedro Cruz Villalón (Hrsg.), Handbuch Ius Publicum Europaeum, Band II: Offene Staatlichkeit – Wissenschaft vom Verfassungsrecht, C. F. Müller: Heidelberg 2008, § 39, bes. Rdnrn. 78–97.

184 Nicht ganz zufällig stammen die beiden wohl ambitioniertesten monographischen Versuche aus Federn deutscher Staatsrechtslehrer(innen): *Anne Peters*, Elemente einer Theorie der Verfassung Europas, Duncker & Humblot: Berlin 2001; *Peter Häberle*, Europäische Verfassungslehre, Nomos: Baden-Baden, 5. Aufl. 2007. Mit starker verfassungstheoretischer Akzentsetzung sind auch zwei weitere deutschsprachige Werke zum europäischen Verfassungs- oder, allgemeiner, Öffentlichen Recht versehen: *Armin von Bogdandy* (Hrsg.), Europäisches Verfassungsrecht. Theoretische und dogmatische Grundzüge, Springer: Berlin, Heidelberg, New York u.a. 2003; *Armin von Bogdandy/Pedro Cruz Villalón* (Hrsg.), Handbuch Ius Publicum Europaeum, Band I: Grundlagen und Grundzüge staatlichen Verfassungsrechts, Band II: Offene Staatlichkeit – Wissenschaft vom Verfassungsrecht, C. F. Müller: Heidelberg 2007 und 2008.

Schönburger Gespräche zu Recht und Staat

Band 1	Josef Isensee: Tabu im freiheitlichen Staat
Band 2	Udo Di Fabio: Die Staatsrechtslehre und der Staat
Band 3	Paul Kirchhof: Der Staat als Garant und Gegner der Freiheit
Band 4	Gerd Roellecke: Staat und Tod
Band 5	Karl Korinek: Staat und Kunst
Band 6	Wolfgang Graf Vitzthum: Der Staat der Staatengemeinschaft
Band 7	Eckart Klein: Staat und Zeit
Band 8	Otto Depenheuer: Selbstbehauptung des Rechtsstaates
Band 9	Peter Michael Huber: Staat und Wissenschaft
Band 10	Christian Hillgruber: Staat und Religion
Band 11	Christian Waldhoff: Staat und Zwang
Band 12	Matthias Jestaedt: Die Verfassung hinter der Verfassung
Band 13	Christoph Grabenwarter: Staat und Medien
Band 14	Matthias Herdegen: Staat und Rationalität